자기경영 선언문

나는 나를 사랑한다.

나는 나를 돕는다.

나는 나와 가족과 국가와 인류를

도울 수 있는 내가 될 수 있도록 나를 돕는다.

나는 나와 가족과 국가와 인류를 돕는다.

나는 나에게 주어지는 모든 경험들을

중요하고 소중하고 감사하고 행복하게 흡수한다.

나는 할 수 있다.

나는 잘할 수 있다.

된다!

됐다!!

당신의 삶을 명품인생으로 변화시킬 놀라운 비밀

미라클 시크릿

당신의 삶을 명품인생으로 변화시킬 놀라운 비밀
미라클 시크릿

초판 1쇄 인쇄 2025년 3월 6일
초판 1쇄 발행 2025년 3월 20일

지은이 정성훈

발행인 백유미 조영석
발행처 (주)라온아시아
주소 서울특별시 서초구 방배로 180 스파크플러스 3F

등록 2016년 7월 5일 제 2016-000141호
전화 070-7600-8230   **팩스** 070-4754-2473

값 19,500원
ISBN 979-11-6958-163-9 (13190)

라온북은 독자 여러분의 소중한 원고를 기다리고 있습니다. (raonbook@raonasia.co.kr)

당신의 삶을 명품인생으로 변화시킬 놀라운 비밀

정성훈 지음

미라클 시크릿

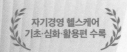

자기경영 헬스케어
기초·심화·활용편 수록

의학, 뇌과학, 양자물리학 기반. 육체와 정신의 균형 잡힌 '자기경영 헬스케어' 비법

현대인의 사회적 질환인 스트레스, 우울증, 무기력,
번아웃 증후군, 자살 등에 대한 예방 및 극복의 비법

RAON
BOOK

RAON
BOOK

매일 하루가 피곤하고 답답함 속에서 힘든 하루하루를 살아가는 현대인들에게 누구나 쉽게 실천할 수 있는 심신통합 건강 프로그램을 소개하고 있는 책이다. 아주 쉽고도 체계적인 내용으로 구성되어 있으며, 그 속에 의학적 그리고 과학적인 원리와 효과를 제시하고 있기에, 바쁜 일상 중 잠깐 시간을 내어 실천하면 좋을 내용의 꼭 권장하고픈 책이다.

계명대학교 의학과 **이재호 교수**

현대인들은 치열한 경쟁으로 각박한 사회 구조 속에서 나날이 극심한 스트레스와 우울증 그리고 번아웃 증후군 등으로 힘든 하루하루의 삶을 건디는 경우가 상당수다. 이러한 사회적 격

변기에 현대인들에게 육체와 정신적 건강에 대해 명확한 방향과 방법을 제시해 주는 책이다.

서울대학교 치과대학 전 학장 **이승우 교수**

자기경영 헬스케어는 현대인의 신체적·정신적 건강을 통합 관리하는 혁신적 방식으로서 의학과 뇌과학 등을 기반으로 스트레스, 우울증 등의 사회적 질환을 예방하고 극복할 수 있는 실질적 방법을 제시하고 있다. 특히 초고속 인체 에너지 충전 훈련법은 단기간에 활력 회복에 도움을 주고 있기에 자기관리 능력을 키우고자 하는 분들에게 추천하는 바이다.

대한경영학회 36대 회장 / 대구한의대학교 의료경영학과 **조철호 교수**

내 삶의 주인은 바로 자신이다. 현대인들은 물질적 풍요 속에 개인의 정신과 건강은 오히려 메말라 가고 있다. 정성훈 교수의 자기경영 심신통합 건강 교육에는 현대인들이 스스로의 몸과 정신을 케어하는 신비로운 마법과 같은 방법이 있다.

전)국립국어원 원장 / 경북대학교 명예교수 **이상규**

현대인들에게 너무나 필요한 심신통합 건강 부분에 대한 도움이 절실한 시점에서 그에 대한 구체적인 도움이 될 수 있다는 희망을 안겨주는 책이다. 사회 각 분야에서 앞서가는 신지식인들 층에서도 이러한 심신통합 자기계발 건강 교육이 매우 필요

함을 절감한다. 나아가서 온 국민의 심신통합 건강을 돕는 것이
국가의 경쟁력 강화에도 큰 밑거름이 될 것이기에 모두에게 적
극적으로 추천한다.

(사)대한민국 신지식인 협회 **권기재 회장**

의사로서 환자들을 치료할 때 자연치유법을 통해 수십 년
동안 환자들을 치료해 온 입장에서 볼 때, 이 책은 현대인들에게
육체적, 정신적인 건강을 스스로 자연회복할 수 있도록 도와주
는 아주 체계적이고 과학적인 내용으로 잘 안내해 놓은 책이다.

오클라호마 자연주의 치과 **정수창 원장**

"책 속에 길이 있다" 그래서 바른길, 올바른 삶을 살아가기 위
해 책을 선택할 때 매우 신중해야 한다. 그러다 지인의 소개로
처음《자기경영 헬스케어》를 읽게 되면서 삶의 질이 향상되는
매우 큰 도움을 받았다. 그에 이어 실천 편에 해당하는《미라클
시크릿》도 너무나 유용한 내용으로 가득하여 많은 이들에게 도
움이 될 것이라 기대한다. 이 시대에 유익한 책을 집필하신 정성
훈 교수의 노고에 깊이 감사드리는 바이다.

김천시 맨발협회 회장 / 전. 초등학교 교장 **어성천**

각 분야의 산업이 고도로 발전하여 물질문명이 발전할수록
현대인들은 인간성이 상실되어 가고, 갈수록 자기관리 능력을

상실한 채, 극심한 스트레스, 우울증, 무기력, 번아웃 증후군, 자살 등에 시달리고 있습니다. 그러다 보니 정치, 경제, 사회 등에서 서로 화합과 상생보다는 경쟁과 상극의 안타까운 상황들은 끝이 보이지 않고 있습니다. 이러한 시대에 이 책은 현대인들에게 건강과 행복 그리고 그것을 바탕으로 성공을 실현하는 대안과 방법을 찾는 데 도움이 될 것이라는 확신 속에 널리 추천하는 바입니다.

국회부의장(대구수성구갑 국회의원) **주호영**

현대인들의 사회생활을 통한 직무 스트레스는 생각보다 심각하다. 거기다가 육체도, 정신도 스트레스에 의한 혹사도 이미 심각한 문제이다. 이러한 시점에서 현대인들에게 필요한 심신통합 건강을 위한 자기계발 도서 출판 소식은 너무나 반가운 소식이다. 책의 구성 내용이 참으로 알차고 실질적인 도움을 선사하고 있기에 많은 이들이 읽고 도움을 받았으면 하는 바람이다.

전) 국회의원 / 전) 새마을 중앙회 회장 **곽대훈**

〈자기경영 헬스케어〉로
소중한 나의 삶, 건강·행복·풍요의 명품 인생을 만들자

코로나19 이후 산업의 판이 바뀌는 시대에 '자기경영 헬스케어' 능력을 갖춘 사람만이 새로운 기회를 잡을 수 있는 시대가 점점 되고 있다. 불황의 시대 속에서도 새로운 가능성과 멋진 절정의 세상을 볼 줄 아는 인재들이라면 누구에게나 꼭 필요한 '자기경영 헬스케어' 역량은 현대인들에게 새로운 인생과 미래를 선사할 것이다.

근대에는 인류의 지식 총량이 2배로 증가하는 데 약 100년이 걸렸다. 1990년대부터는 약 25년이 걸렸고, 현재는 약 1년 정도 걸린다고 한다. 2025년이 지나면 약 3일 정도면 인류의 지식의 양이 2배로 증가되어 버린다고 한다. 이처럼 엄청난 속도로 방대한 지식을 생산하는 시대 속에서 현대인들에게 필수 생존전략

이 된 '퍼스널 브랜드'를 구축하여 더욱 잘 살아가려면 과연 어떻게 해야 할까?

또한, 100세 시대와 AI, 빅데이터, 로봇의 4차 산업혁명이라는 큰 변곡점을 맞이하는 이 시대에 결국은 인간만이 할 수 있는 것을 찾아서 스스로 개발하여 역량을 갖추어야만 한다. 바로 "현상이 아니라 본질을 보는 힘"을 키워야 하며, "좀 더 다르게 보고, 좀 더 다르게 생각할 줄 알아야 하는 것"이다. 앞으로 세상은 갈수록 그냥 주어지는 것은 아무것도 없다. 오직 개인 스스로 삶을 디자인하고, 스스로 인적 네트워크를 만들면서 자기의 일을 펼쳐나가야 하는 시대가 되고 있다.

18세기 중엽 영국에서 시작된 1차 산업혁명을 시작으로 지금의 4차 산업혁명 시대까지 오면서, 물질문명의 급속한 발전과 함께 자유 경제주의가 실현되면서 빈부격차는 나날이 심해져 왔다. 그와 함께 갈수록 치열한 경쟁 속에서 현대인들은 자기관리 능력을 상실한 채, 극심한 스트레스, 우울증, 무기력, 번아웃 증후군, 자살 등에 시달리고 있다.

특히 21세기에 들어서 수많은 자기계발서가 쏟아져 나왔음에도 불구하고 현대인들의 몸과 마음은 갈수록 지쳐가고 있다. 이러한 시점에서 현대인들에게 가장 시급한 것은 바로 지친 육체와 정신의 건강을 스스로 관리할 수 있는 역량을 갖추는 것이다. 그것이 바로 소진된 몸과 마음의 에너지를 스스로 충전하여 건강한 상태에서 꿈과 목표를 실현하도록 돕는 〈자기경영 헬스케어〉가 필요한 이유이다.

〈자기경영 헬스케어〉는 현대인들의 소진된 육체적·정신적 에너지를 스스로 충전할 수 있도록 하여서 균형 잡힌 심신통합 건강을 추구하도록 돕는 '심신통합 에너지 충전기술 교육'이자, '삶의 운영기술 교육'이다. 의학, 뇌과학, 양자 물리학에 기반한 〈자기경영 헬스케어〉는 육체와 정신을 균형있게 에너지 충전하여서 활기·활력 속에 심신통합 건강을 회복하도록 한다. 그리하여 원하는 생각에 집중하고, 감정과 마음을 스스로 조절하여, 건강하고 행복하게 꿈과 목표를 실현하도록 한다. 또한, 현대인들이 스트레스, 우울증, 무기력, 번아웃 증후군, 자살 등의 사회 구조적 질환을 예방 및 극복하도록 돕는다.

이 책은 저자의 저서 《자기경영 헬스케어》에 대한 실천편에 해당한다. 이로 인해 당신의 삶에는 더욱 실질적이고 알찬 효과의 변화를 가져다 줄 것이다. 또한, 그러한 변화가 주변으로부터 적극적인 호응과 인정을 당신에게 선사할 것이다. 책에서 안내하는 대로 당신이 실천만 한다면, 매우 빠른 육체적·정신적 변화가 일어날 것이다. 그러한 개인의 변화들이 모여서 사회와 국가 그리고 지구촌 전체로의 변화로 확산이 될 것을 확신한다.

저자는 '자기경영 헬스케어'에 대한 중요성을 사회인 대상으로 '사회 교육'과 함께 대학에서 전문 인력 대상으로 '전공 교육' 등 다양한 교육지도 활동을 통해 난세에서 '자기경영 헬스케어'가 왜 차이 나는 명품 인생을 만들 수 있는지 그리고 실질적인 실천법을 통한 탁월한 효과와 그에 따른 위력이 얼마나 체계적이고 큰지를 몸소 체험을 통해 전달하면서 많은 대중들에게 저자의 경험과 노하우를 전달하고 있다.

이러한 바람과 뜻을 담아서 저자와 같은 '자기경영 헬스케어 디렉터'의 전문 인력들이 이 세상에 많이 탄생되어 "수신제가 치국평천하(修身齊家 治國平天下)"라는 상식이 세상에 보편화되는 시대가 머지않아 올 것이라 확신한다.

자신의 몸과 정신의 상태를 스스로 건강하게 잘 돕는 수신(修身)을 통해, 자신의 가족 및 만나는 인연들 역시 수신(修身)할 수 있도록 돕는 제가(齊家)가 실현되며, 그러다 보니 그것이 점점 국가와 세상 전체의 화평(和平)을 돕는 치국평천하(治國平天下)로까지 발전해 나가게 되는 가치있는 삶이 바로 당신의 인생 속에서 실현될 것이다.

2025년 2월 16일
〈자기경영 헬스케어〉 개발자
대구한의대학교 **정 성 훈** 교수

Contents

Part. I   〈자기경영 헬스케어〉가 선사하는 건강·행복·풍요의 명품 인생

개념편   ●○○○○

Part. II 〈자기경영 헬스케어〉 실천하기

기초편 ●●○○

심화편 ●●●○

Part. III   〈자기경영 헬스케어〉 생활 속 실천

활용편   ●●●●

Part. I

〈자기경영 헬스케어〉가 선사하는
건강 · 행복 · 풍요의 명품 인생

개념편

시간과 돈에 대한 가치가
더욱 중요해졌다

1

현대사회에서 시간과 돈의 가치는 갈수록 더욱 중요해지고 있다. 급변하는 경제 환경, 기술 발전 그리고 개인의 생활 방식 변화 등이 그러한 변화를 더욱 촉진시키고 있다. 특히, 4차 산업혁명과 디지털화가 진전되면서 사람들은 시간과 돈을 관리하는 방식에 대해서 큰 변화를 경험하고 있다. 이러한 변화에 대한 이유와 그에 따른 의미를 좀 더 자세히 살펴보자.

우선 현대사회에서 시간에 대한 가치가 점점 중요해지고 있는 배경을 살펴보면, 빠르게 급변하는 환경, 정보의 과부하 그리고 개인화된 생활양식 등 복합적인 작용을 그 원인으로 볼 수 있다. 점점 더 발전하는 기술을 비롯한 경제와 사회는 갈수록 글로

벌화 되어가면서, 이러한 변화 속에서 사람들은 시간을 더욱 효율적으로 사용해야 함을 느끼고 있다. 본래 시간은 제한된 자원이기에 더욱 가치있게 활용해야 한다는 인식은 점점 더 커지고 있다. 또한, 인터넷과 스마트폰의 보급으로 정보의 양이 급증하면서 하루에도 수많은 선택을 해야 하는 현대인들에게는 시간에 대한 가치가 더욱 높아지고 있다.

그중 가장 큰 변화는 '일'과 '삶'에 대한 균형을 중요하게 생각하기 시작했다는 점이다. 그로 인해 개인 여가의 시간, 가족과의 시간, 자기계발 시간 등에 대한 가치를 매우 중요하게 여기는 추세이다. 그러다 보니 기존처럼 그저 단순하게 오래 일하는 방식보다, 조금 더 집중력 있게 효율적으로 시간을 사용하며 일하는 것이 더 중요하다는 인식이 사회 전반적으로 확대되었다. 그뿐 아니라 원격 근무, 온라인 교육, 전자상거래 등의 비대면 사회 활동이 증가하면서 시간 활용에 대한 효율성 또한 매우 중요해졌다. 이러한 비대면 활동은 물리적 이동 시간을 줄여줄 뿐 아니라, 동시에 자기관리와 시간 관리의 중요성을 더욱 부각하는 결과를 가져왔다.

다음은 돈에 대한 가치가 상승하고 있는 현대사회에 대해서 살펴보자. 돈에 대한 가치는 언제나 중요했지만, 현대사회는 그에 대한 중요성이 더욱 강조되고 있다. 이는 경제 불확실성, 자산 격차 확대 그리고 개인화된 소비 성향 등 다양한 요인들이 그에 대한 원인과 배경이 되고 있다. 그중 경제적 불확실성에 대해 살펴보면, 글로벌 경제의 불확실성이 높아지면서 개인들은 자산을 관리하고 보호하는 데 있어 더 큰 관심을 가졌다. 인플레이션, 경제 위기, 금리 변동 등은 돈의 가치를 지키는 데 있어 더욱 정교한 재정 계획이 요구된다. 또한, 부의 양극화가 심화되면서, 자산 관리와 투자에 관한 관심도 커지게 되었다. 그 때문에 개인은 더 전략적인 투자와 저축을 계획하는 추세이다. 끝으로 현대인들은 물질적 소유보다는 경험을 중시하는 경향이 점점 더 커지는 추세이다. 이는 소비 패턴이 단순히 상품을 구매하는 것에서 여행, 교육, 자기계발 등에 돈을 쓰는 방향으로 변화하게 만들고 있다. 그뿐 아니라 디지털 경제가 출현하면서 온라인 결제, 전자화폐, 암호화폐 등의 새로운 형태의 돈을 사용하는 방식으로 인해 돈을 활용하는 가치에 대해서 다시 생각해 보게 하는 추세가 늘고 있다. 디지털 경제가 출현하면서 시간과 돈에 대한 효율적 사용이 더 중요한 사회적 이슈로 자리하게 되었다.

그렇다면, 앞에서 살펴본 바와 같이 시간과 돈에 대한 가치 상승이 현대인들에게 미치는 영향은 과연 무엇일까? 시간과 돈에 대한 가치가 더욱 중요해지면서 개인과 사회 전반에는 여러 가지 변화가 나타나고 있다.

그중 가장 첫 번째 변화는, 현대인들이 무작정 일을 많이 하거나 돈을 더 많이 벌려고 무조건으로 애쓰지 않는다는 것이다. 대신, 보다 효율적으로 일하고, 시간을 절약하면서도 소득을 최대로 하는 방법들을 찾는 추세이다. 이는 생산성과 창의성을 중심으로 일을 추구하려는 추세로 빠르게 변화하는 것이다.

두 번째 변화는, 현대인들이 더 효율적으로 시간과 돈을 관리하려는 노력이 늘어나면서, 두 자원 사이의 균형을 맞추는 것이 중요하게 인식되는 추세이다. 예를 들어, 돈을 써서 시간을 절약하는 서비스인 청소 대행, 음식 배달 등을 이용하거나, 반대로 더 많은 시간을 써서 돈을 절약하기 위해 발품을 팔아서 값싼 물품 구매, 직접 요리 등의 경우가 그 예이다.

세 번째 변화는, 시간과 돈의 가치가 점점 더 중요해짐으로 인해 사람들은 자기계발과 교육에 더 많은 투자를 하고 있다. 이는 더 나은 직업적 기회와 개인적 성장으로 이어질 수 있다는 인식 때문이다.

끝으로 네 번째의 변화는, 기술의 발전으로 금융 관리 앱, 일정 관리 도구, AI 기반 투자 서비스 등 시간과 돈을 효율적으로 관리할 수 있는 다양한 도구와 솔루션이 등장하여 이를 통해 개인의 재정적 안정성을 높이고, 시간 관리의 효율성을 극대화할 수 있게 되었다.

이러한 시대적 변화를 쭉 살펴보았을 때, 현대인들에게 있어 시간과 돈에 대한 가치는 갈수록 더 중요해지고 있다. 이는 개인의 삶의 질을 향상하기 위한 필수적인 요소로 시간과 돈에 대한 가치가 더욱 중요해졌기 때문이다.

이처럼 시간과 돈에 대한 가치가 높아질수록 현대인들에게 건강관리에 대한 필요성은 더욱 강조되고 있다. 시간이 곧 돈이라는 개념이 자리 잡으면서, 비효율적인 시간 소비나 건강 문제로 인한 시간 손실은 곧 경제적 손실로 이어진다는 개념이 자리하게 되었기 때문이다. 그처럼 시간과 돈에 대한 가치가 높아지면서, 그와 비례하여 건강을 더욱 잘 관리하고자 하는 욕구도 함께 커지게 되었다. 건강은 단순히 질병을 예방하는 차원을 넘어 전반적인 삶의 질을 향상하는 것은 물론이고, 생산성을 높이는 데도 중요한 요소라는 인식이 커졌기 때문이다. 그러다 보니 건강관리에 대한 개념이 단순히 병원에 의존하는 차원을 넘어서, 꾸준한 운동, 균형 잡힌 식단, 스트레스 관리 등을 포함한 자기 관리의 한 부분으로 자리 잡아가는 추세이다.

이와 같이 건강관리는 장기적인 관점에서 봤을 때 시간과 돈을 절약하는 중요한 투자이다. 예를 들어, 건강한 라이프 스타일은 병원비나 약값 등과 같은 의료비용을 줄일 수 있을 뿐만 아니라, 생산성과 집중력을 높여 더 많은 시간을 효율적으로 사용할 수 있게 해준다.

따라서 자신의 건강관리는 단기적인 비용 절감뿐만 아니라 장기적인 경제적 이익도 함께 가져다주는 전략적인 선택이다. 이처럼 시간과 돈의 가치 상승은 자신의 건강관리에 대한 중요성을 더욱 인식하게 하였을 뿐만 아니라, 이러한 변화를 통해 더 나은 삶의 균형을 이룰 수 있도록 하였다. 이를 위해서 삶에 대한 명확한 목적 확립과 그에 따른 목표 설정 그리고 그것을 위한 지속적인 자기계발은 너무나 중요한 필수 요소이다. 그러므로 인해 비로소 자신의 육체와 정신의 균형 잡힌 건강을 바탕으로 자신의 꿈과 목표를 실현하며 삶에 대한 가치를 실현할 수 있게 된다.

> **번아웃 증후군을 극복하면
> 삶의 에너지가 폭발한다**

~~~ **2** ~~~

4차 산업혁명 시대를 맞이한 현대사회는 빅데이터, 사물인터넷, AI, 드론, 디지털 콘텐츠 플랫폼 등의 산업 발전을 중심으로 초고속, 초연결의 시대로 접어들었다. 과거와 비교해 모든 생활이 빠르고 편리해졌으며, 그런 만큼 현대인들은 화려한 물질적 풍요를 누리고 있다.

그와 함께 급변하는 사회 구조 속에서 미래에 대한 불안감과 소통 부재로 인한 인간관계의 갈등 및 각종 스트레스, 만성피로, 우울증, 무기력, 번아웃 증후군 등 에너지 소진으로 인한 증상은 이미 현대인들의 큰 숙제가 되었다. 특히 직장인들의 과도한 직무 스트레스로 인한 번아웃 증후군은 심각한 사회문제가 된 지 오래다. 즉, 지친 현대인들의 몸과 마음이 강렬하게 구조 요청을 보내고 있는 셈이다.

육체적으로 에너지가 고갈된 현대인들은 빨리 지치고, 쉬어도 충전이 잘되지 않다 보니 각종 질환에 노출되어 있다. 이러한 현대인들이 앓고 있는 대표적인 사회적 질환이 바로 '스트레스'와 '번아웃 증후군'이다.

모든 질병의 가장 주요 원인인 스트레스는 두통, 위장병, 심장질환, 고혈압 등 신체적 질환뿐 아니라, 불안, 분노, 우울, 긴장, 의욕 상실 등 심리적 장애도 유발하고 있다. 그뿐 아니라 업무 부진, 약물 남용, 과음 등 행동적 장애 유발은 물론이고 심한 경우 자살에 이르는 사례들도 갈수록 늘고 있다. 지나친 스트레스는 개인과 가정은 물론이고 심각한 사회문제로까지 이어지고 있다. 라자루스와 포크만은 "스트레스 문제를 해결하는 것은, 개인의 몸과 마음의 안정뿐만 아니라 사회적 안정에 밀접한 관련이 있다."라고 했다. 이처럼 스트레스로 인한 개인적, 사회적 문제들이 점점 증폭되면서 스트레스에 관한 포괄적 연구와 다양한 프로그램들이 개발되고 있다.

그런데 그러한 스트레스보다도 더 심각한 질환이 바로 '번아웃 증후군'이다. 육체와 정신의 동시적인 방전에서 비롯되는 번아웃 증후군은 로켓의 원료가 모두 소진된 상태를 의미하며, 대표적인 증상은 '흥미 저하' 및 '무기력', '의욕 상실' 등이다. 현대인 중 상당수는 자신이 번아웃 증후군인지조차 모르고 무작정 견디며 지내고 있다. 평범한 일상 중 어느 날 불현듯 홀쩍 사라져서 혼자 있고 싶을 때가 있지 않았는가? 모든 연락을 끊고 그저 쉬고 싶을 때가 있지 않았는가? 이러한 충동이 자주 든다면 번아웃 증후군을 의심해 보아야 한다. 의욕적으로 일에 몰두하던 사람이 갑자기 극도의 신체적·정신적 피로감을 호소하며 무기력해지는 번아웃 증후군은 이미 심각한 사회문제가 되었다. 이러한 번아웃 증후군 상태에 이르면, 일상생활은 물론이고 특히 직무에서 오는 스트레스를 이겨낼 적응력이 떨어진다.

번아웃 증후군은 스트레스에 대항하여 신체 기능을 보호하는 호르몬인 '코르티솔' 분비가 잘되지 않으면서부터 그 증상이 나타난다. 그로 인해 몸이 무기력해지고, 뇌의 편도체 부분이 활성화되어 극도의 위기감과 두려움이 일어나며, 동시에 영성, 지성, 감성 등과 관련하여 통합적인 기능을 발현하는 전전두엽의 기능이 저하된다. 우리가 살아가면서 매사에 능동적이고 적극적인 삶을 살아가려 해도 마음처럼 잘되지 않았던 생리적인 원인이 바로 이러한 이유에서 비롯되는 것이다. 그러다 보니 감정을 느끼는 감성 기능 역시 저하되어서 상대를 이해하고 공감할 수 있는 여력이 없어지게 된다. 그리고 자신이 당면한 상황과 인간관계 등에서 빨리 지친다. 또한, 꿈과 목표에 대한 집중력이 현저히 떨어져서 확신도 사라지게 된다. 설령 확신을 느끼더라도 오래가지 못하며, 결국 그에 따른 부담감과 중압감에 압도되고 만다.

이와 같은 번아웃 증후군은 주로 이상이 매우 높고 열정적이지만 스스로 에너지 관리가 부족한 사람들에게서 많이 나타난다. 주목할 점은 완벽주의자처럼 자신에 대한 기대치가 높아서 스스로 강한 불만을 느끼거나 조바심을 내는 이들에게 번아웃 증후군이 많이 나타난다는 사실이다.

이처럼 너무나 심각한 번아웃 증후군은 치료보다 예방이 더욱 중요하다. 가족이나 친구, 상사나 동료 등 믿을 수 있는 사람들과의 정서적인 소통을 통해 정신 에너지 충전도 중요하다. 하지만 무엇보다 필요한 것은 아침에 일어나 일과를 시작하기 전, 육체적·정신적 에너지 충전을 통해 그날 필요한 에너지를 미리 충전함으로써 하루를 준비된 상태로 맞이하는 습관이다. 마치 자동차로 목적지까지 출발 전에 미리 연료를 채운 후 출발하듯 말이다. 그러기 위해선 적절한 수면과 함께 자신만의 방식을 통한 육체적 에너지 충전 그리고 감사하는 사고를 통한 정신 에너지 충전 등이 매우 중요하다. 바쁘고 치열한 경쟁 사회를 살다 보면 누구나 몸과 정신의 여유를 잃어버리기가 십상이다. 그렇기에 현대인들은 이제 자신에게 필요한 육체적·정신적 에너지를 스스로 충전하는 생활 문화가 필수이다.

자기경영 헬스케어(Self-Management Healthcare)는, 개인이 자신의 건강과 웰빙을 주도적으로 관리하기 위해, 그에 대한 목표와 계획을 스스로 설계하고 이를 달성하기 위해 행동하는 방식을 말한다. 이는 다시 말해, 몸과 정신의 분리된 건강관리 개념에서 균형 잡힌 심신통합 건강관리로, 타인 의존적 건강관리에서 자신의 몸과 정신의 건강을 스스로 책임지는 건강관리로, 단순한 몸 위주의 건강관리에서 자기충전을 통한 과학적이고 효율적인 건강관리 등으로 진행하는 것을 의미한다.

이처럼 소진된 현대인들의 육체적·정신적 에너지를 〈자기경영 헬스케어〉의 심신통합 충전으로 균형 있는 충전을 하게 되면, 번아웃 증후군은 매우 빠르게 극복할 수 있다. 그러므로 인해 아침에 눈을 뜨는 순간부터 하루가 설레고 기다려지는 마음으로 하루를 시작할 수 있게 된다. 그중 가장 우선으로 실천해야 하는 것이 바로, 육체 에너지 충전의 습관이다. 그와 함께 정신 에너지 충전의 습관도 함께 실천한다. 그로 인해 육체와 정신의 활기·활력 회복을 바탕으로, 주어지는 상황들을 불평·불만 없이 온전히 중요하고 소중하고 감사하고 행복한 마음으로 임하는 삶의 자세를 구축하게 되는 것이다.

명확한 삶의 목적이
꿈과 목표를 실현시킨다

"

~~~~ **3** ~~~~

    우리는 인생을 살아가고 있다. 인생을 살아간다는 말의 의미
는, 인간으로서 생명 활동을 이어가고 있다는 의미이다. 그렇게
살아가다가 우리는 일정 기한이 되면 생명을 다하고 육신을 벗
게 된다. 그렇다면 육체를 입고 존재하는 동안 당신은 '나는 과연
누구일까?', 또한, '육체를 벗은 후의 나는 누구일까?', '그러한 나
는 과연 무엇인가?', '나의 육체가 바로 나일까?' 아니면 '나의 육
체에 붙여졌던 이름이 바로 나일까?', 그것도 아니라면, '나라고
여겨왔던 관념들과 생각들이 과연 나인가?' 등에 대해 생각을 해
본 적이 있는가? 아니면 바로 지금의 이 순간에 곰곰이 생각을
해보라. 그리고는 "나는 누구인가?", "나는 무엇인가?", "나는 무
엇을 위해 태어나 있는가?", "나는 살아가면서 무엇을 하고자 하

는가?", "내가 진정으로 원하는 것은 무엇인가?" 등의 질문을 자신에게 한번 진지하게 던져 보라.

아마도 상당수는 머리가 복잡하고 혼란스럽다는 반응이 있을 것이다. 그러한 생각을 한 번도 해본 적이 없다는 반응이거나, 생각은 해보았지만 어렵고 잘 모르겠다는 반응도 상당수 있을 것이다. 앞에서 열거해 놓은 여러 가지의 질문들을 한 문장으로 표현해 보면, "나의 삶의 목적은 무엇인가?"이다. 그에 대한 답변을 다음과 같이 정의할 수 있다, '삶의 목적은 바로 자신의 성숙과 성장'이라고 말이다. 그렇다면 '성숙과 성장'이라는 개념은 도대체 어떠한 의미가 있는지 또한, 그러한 개념이 왜 그토록 중요한지에 대해서 한번 알아보자.

우선 '성숙'이란 개념에 대해서 알아보면, **첫째**, 알아야 하는 것을 알고 있지 못함으로써 미숙한 실수를 반복하던 상태에서, 알아야 할 것을 비로소 알고 그로 인해 지혜롭고 현명한 선택과 처사를 할 수 있는 상태로 변화 발전하는 것을 뜻한다. **둘째**, 자기 내면에 있는 것을 스스로 부정하고 거부하면서 받아들이지 못하고 인정하지 못하던 것들에 대해, 그 의미와 가치를 중요하고 소중하고 감사하게 인정하며 진심으로 받아들이는 상태로 변화 발전하는 것을 의미한다.

그렇다면 이러한 부분이 왜 그토록 중요할까? 그것은 바로 내적으로 성숙된 만큼에 비례하여 외적인 확장도 가능하도록 설정되어 있는 우주의 운영법칙 때문이다. 다시 말해, 내적으로 미숙한 상태에서는 아무리 외적으로 상황을 확장하고 발전시키려 노력해도 불가능하다. 그 이유는 바로 '우주의 균형의 법칙' 때문이다. 내적인 결핍과 무지가 결국은 욕심과 자만을 통해 자신의 성공과 확장을 그르치고 스스로 무너지게 만든다. 예를 들어, 함께 협력하던 파트너 및 협력자들과 불화를 일으키거나, 자신에게서 등을 돌리거나, 배신하거나, 때론 자기를 공격하는 적으로 돌아서기도 한다.

그 때문에 만약 당신이 꿈과 목표가 확고하다면, 반드시 그와 비례해서 내적인 성숙이 얼마나 중요한지 철저히 인식해야 한다. 이러한 이유로 우리가 살아가면서 가장 중요하게 인식해야 하는 점이 바로 자신의 성숙과 성장 부분이다. 그처럼 삶의 목적에 대한 인식이 명확해지면 그에 따라 꿈과 목표에 대한 집중력도 분명 극대화된다. 그때 꼭 필요한 삶의 자세가 바로 '자신에게 주어지는 모든 경험을 중요하고 소중하고 감사하고 행복하게 흡수한다'라는 마인드이다.

우리가 평소에 음식을 편식하면 영양 섭취에 있어 불균형이 생기듯이, 살아가면서 불평, 불만으로 자신에게 주어지는 상황들을 적극적으로 마음에서 흡수하지 못하면, 그 만큼에 비례하여 자신의 꿈과 목표를 실현하는 데 있어 어려움을 겪게 된다. 우리가 일상에서 불평·불만하며 스스로 불행하다고 느끼게 되는 경우는 미래에 대한 불안감으로 인해 현실에 대한 중요함과 소중함, 감사함과 행복감을 놓친 경우이다. 그럴 땐 속히 자신의 미래기억에 대한 확신을 다시 회복하고, 일상에서의 중요함과 소중함, 감사함과 행복함도 필히 회복시켜야 한다.

우리는 살면서 단돈 100만 원만 잃어버려도 그것을 찾으려고 많이 노력할 것이다. 하물며 그것과는 비교할 수 없을 정도의 절대적 가치인 '삶의 목적'과 '삶에 임하는 자세' 등을 잃어버리고도 아무렇지 않다면, 과연 그것이 옳은 것일까? 다시 말해, 인생을 살아가면서 매 순간 주어지는 모든 것이 중·소·감·행(중요함, 소중함, 감사함, 행복함) 하다는 인식을 모른 채 살아가는 것이, 얼마나 큰 손해인지 온전히 안다면 과연 그처럼 아무렇지 않게 살아갈 수 있을까? 아마 그 누구도 그렇게 하지 못할 것이다.

그렇다면 그것이 왜 그처럼 손해이고, 손실일까? 삶 속에서 매 순간 주어지고 있는 모든 상황이 자신의 성숙과 성장을 위해 너무나 중요하고 소중하고 감사하고 행복한 경험이자 기회임을 인식하고 흡수하게 되면, 그로 인해 이후는, 자신이 원하는 꿈과 목표가 이미 현실로 실현되어 있는 고차적 현실에 집중하고, 그 에너지장에 접속할 수 있는 상태로 성장하게 되기 때문이다. 그 때부터는 이미 꿈과 목표가 현실로 실현되어 있는 실감과 함께 그에 대한 감사함을 느끼면서, 현차적 현실에 대한 중요하고 소중하고 감사함을 비로소 인식하게 되는 것이다. 왜냐하면, 현차적 현실의 매 순간들이 꿈과 목표의 실현을 향한 중요하고 소중하고 감사하고 행복한 과정들임을 인정하게 되기 때문이다.

이 같은 사고 과정을 체계적으로 반복함으로써, 현실에 대한 행복감과 미래에 대한 확신 속의 고차적 감사함이 점점 더 증폭되는 것이다. 그러므로 인해 현차적 현실과 고차적 현실을 넘나들며 집중하는 사고력이 더욱 발전하게 되며, 그로 인해 자기의 생각과 감정과 육체를 의지대로 조절하는 역량도 향상된다.

그러한 과정에서 자신의 꿈과 목표에 대한 청사진은 점점 더 명확하게 구축되고 향상되는 것이다. 마치 어딘가를 찾아가고자 할 때 반드시 정확한 주소가 필요하듯이 말이다. 그리하여 고차적 현실에 이미 현실로 존재하고 있는 꿈과 목표를 현차적 현실로 다운로드하여 꿈과 목표를 현실로 당당히 실현하는 패러다임의 창조력이 누구에게나 가능한 시대가 되었다. 그러기 위해서는 삶의 목적이 자신의 성숙과 성장임을 명확히 알고, 매 순간 주어지는 모든 순간과 상황들을 중요하고 소중하고 감사하고 행복하게 잘 흡수하며 살아가면, 자신이 실현하고자 하는 꿈과 목표가 이미 현실로 실현되어 있는 고차적 현실에 접속하는 것이 아주 수월해진다. 따라서 명확한 삶의 목적을 알고 삶에 임하는 자세가 바로 꿈과 목표를 확실하게 실현하는 방법이다.

> ## "그래~! 됐다~!!"의 라이프 스타일을
> ## 만들어 주는 〈자기경영 헬스케어〉

～～ 4 ～～

심신통합 〈자기경영 헬스케어〉를 위해서는 '자기경영 운영체계'가 필요하다. 그러한 〈자기경영 운영체계〉는 크게 〈사고 운영체계〉와 〈인체 운영체계〉로 구분한다. 그중 '사고 운영체계'는 생각과 감정을 운영하는 시스템이고, '인체 운영체계'는 육체를 운영하는 시스템이다. 이러한 사고 운영체계와 인체 운영체계를 관리하고 운영하는 데 있어서 가장 핵심 개념은 바로 **"그래~! 됐다~!!"**라는 키워드이다. 여기서 언급하는 "됐다"라는 개념은 바로 자신이 실현하고자 하는 꿈과 목표가 이미 현실로 실현되어 있는 시점과 상황 속에서 실감을 느끼며 내뱉는 감탄사 같은 개념이다.

〈사고 운영체계〉에서는 자신이 실현하고자 하는 꿈과 목표가 이미 현실로 실현되어 있는 상황의 관점에서 생각하고 느끼며 행동할 수 있도록 하는 사고 회로를 구축시킨다. 〈인체 운영체계〉에서는 그러한 **"그래~! 됐다~!!"**라는 개념에 맞춰진 육체적인 힘을 충전시키고 그에 따른 행동력을 강화시킨다. 그럼으로써, 언제든지 자연스럽게 **"그래~! 됐다~!!"**라는 사고와 실천력이 향상된다. 그로 인해 육체는 언제든지 **"그래~! 됐다~!!"**라는 개념에 맞춘 활기·활력의 상태가 되며, 더불어 그에 맞는 '표정'과 '호흡' 그리고 '자세'와 '동작'과 '행동' 등이 점점 습관으로 갖추어지게 된다.

특히, 사고 운영체계는 뇌과학에서 말하는 미래기억을 담당하는 전전두엽의 활성화를 통해 꿈과 목표에 집중하고 실감을 느끼도록 감각을 향상한다. 그러므로 인해 꿈과 목표에 대한 집중력과 그것이 실현되었을 때 느낄 수 있는 실감으로 인해 강렬한 희열을 느끼게 한다. 스포츠 선수들이 하는 이미지 트레이닝도 이와 비슷한 원리이다. 원하는 꿈과 목표가 이미 이루어져 있는 상황에 집중하여, 그에 대한 실감을 온몸으로 느끼는 과정에서 꿈과 목표를 실현할 수 있는 인체 에너지를 대기의 양자장으로부터 온몸으로 흡수하여 육체에 충전시키는 단계가 진행되는 것이며, 이는 매우 중요한 작업이다.

심리학자인 제임스 레어드는 1974년에 표정이 감정에 미치는 영향에 관한 실험을 했다. 그에 따른 결과는 "표정에 비례해서 감정이 변화한다."라는 것이었다. 피실험자가 화가 난 표정을 짓고 있을 때 실제로 분노를 느꼈으며, 행복한 표정을 짓고 있을 때 실제로 행복감을 느낀다는 사실을 확인했다. 사람이 남의 감정을 해석하는 기본적인 방법은 여러 가지가 있는데, 그중 하나가 바로 타인의 표정을 흉내 내는 것이다. 일상생활 속에서 표정 흉내 내기는 다른 사람의 내면세계를 들여다볼 수 있는 아주 미묘하고도 빠른 효과가 있다.

〈인체 운영체계〉의 단계 중 하나인 '충전표정'은, 자신의 꿈과 목표가 이미 현실로 실현되어 있는 상황에서 자연스럽게 짓게 되는 '진짜 기쁨의 환한 표정'과 매우 흡사하다. 이러한 '충전표정'을 지으면서 자신의 기분을 한번 관찰해보면, 순식간에 온몸의 전율과 함께 매우 강렬한 기쁨이 일어나는 것을 누구나 체험할 수 있다. 그렇게 집중하고 실행해 보면 활기·활력과 함께 온몸으로 용기와 자신감이 증폭되는 것도 느끼게 된다.

그다음은 그처럼 강렬한 실감을 느끼면서 그 느낌을 말로 표현하는 단계가 바로 '충전스피치'이다. 이 과정을 통해 온몸의 전율과 강렬한 감동을 경험할 수 있다. "그래~! 됐다~!!"라는 말을 입으로 내뱉는 순간, 자신이 원하는 꿈과 목표가 이미 현실로 실현되어 있는 미래기억에 집중하고 생각하고 감정을 느끼며, 행동할 수 있는 육체와 정신의 고차적 감각이 활성화되는 것이다.

이루고 싶은 꿈과 목표가 실현되어 있는 상황에서 느낄 수 있는 실감과 감사함을 그에 맞는 표정과 말과 동작으로 표현하는 습관은 너무나 중요하다. 만일 당신이 꿈꾸는 미래의 모습이 있다면 그것에 집중하기 위해서 항상 그에 맞는 표정과 호흡, 말과 동작 등을 표현하는 연습과 그에 따른 습관을 들여라. 이러한 노력과 습관은 당신이 꿈꾸는 목표를 실현하는 데에 있어서 놀라운 기적을 반드시 가져다줄 것이다. 꿈과 목표에 대한 실현은 바로 이러한 실천에서부터 본격 시작되는 것이다.

눈을 질끈 감고 시선을 상향 조절하면서 숨은 가볍게 들이마신 후 숨을 잠시 2~3초가량 멈추며 입꼬리와 콧잔등을 함께 찡긋 위로 뻗쳐 올려 '충전표정'을 지어보라. 그런 후 천천히 참았던 숨을 내쉬면서 온몸으로 에너지가 스며들어 가는 것을 느끼도록 해보라. 이렇게 5회 정도 호흡을 해보면 우리가 평소 기쁨을 느꼈을 때의 느낌과 흡사할 뿐만 아니라 기분이 매우 향상되고 활기·활력이 일어나는 것을 체험할 수 있을 것이다.

우리가 평소 흔히 느끼는 '기쁘다'라는 느낌은 뇌에서 쾌감중추의 활성화로 인해 도파민이 전사됨으로써 전전두엽에서 느끼게 되는 느낌이다. 그러한 상태에서 두 주먹을 불끈 쥐고 가슴 높이에서 양팔을 강렬하게 약 5초가량 흔들어보라. 이와 같은 '충전동작'을 취하면서 **"그래~! 됐다~!!"**라는 말도 같이 반복해보라. 이때 자신이 원하는 꿈과 목표가 실제로 "실현되어 있다"라는 기쁨의 느낌이 강렬한 전율과 함께 온몸으로 느껴지게 될 것이다. 그것이 바로 뇌가 꿈과 목표를 현실로 인지했기에 즉시 일어나는 생리적인 반응인 것이다.

계속해서 **"그래~! 됐다~!!"**라는 말을 반복하면서, 실제 꿈과 목표가 실현되어 있는 실감과 그에 따른 감사함의 전율을 온몸으로 느껴보라. 그리고 그것을 수시로 자주 반복해보라. 그러한 습관은 즉시, 당신에게 건강과 행복 그리고 꿈과 목표 실현이라는 놀라운 기적을 가져다줄 것이다. 이처럼 이러한 미래기억을 자연스럽게 집중하도록 하기 위해서는 인체 에너지 충전이 너무나 필수적이다. 그래야만 원하는 생각을 사고하고 그에 대한 감정과 실감을 온몸으로 전율하듯 느끼며, 몸소 경험할 수 있기 때문이다. 그러는 과정에서 미래기억에 대한 집중력은 놀랍도록 발달하게 되고, 꿈과 목표가 현실로 이루어진 실제 상황에서만 가능한 표정과 호흡, 말과 동작 등이 자연스럽게 표현되고 습관으로 구축될 수 있다.

그러한 과정에서 자연스럽게 삶에 대한 자신감도 증진되고, 부정적 사고와 감정도 긍정적이고 능동적으로 변화된다. 무엇보다 미래기억에 대한 집중력이 높아짐으로써 삶에 대한 확신과 자신감이 증폭된다. 그렇게 반복하며 습관화된 일상을 살아가다 보면, 어느덧 당신은 점점 **"그래~! 됐다~!!"**라는 법칙을 삶에서 실현하고 있는 멋진 인생의 경영자가 되어있을 것이다.

~~~ **5** ~~~

　종종 사람들에게 "힘든 것을 좋아하는가?"라고 질문을 하면, 한결같이 "그렇지 않다."라고 답을 한다. 그때 같은 의미의 또 다른 표현으로 "자신에게 필요한 힘이 자신에게 들어오는 것은 원하는가?"라고 질문을 하면, 모두가 한결같이 "그렇다."라고 대답한다. 여기서 주목해야 할 부분은 바로 '힘들다'라는 말의 참된 의미가 "자신에게 필요한 힘이 들어온다."라는 개념이라는 것이다. 그런 면에서 보면, 우리가 살아가면서 자주 표현하곤 하는 '힘들다'라는 말의 본래 의미는 '자신의 성숙과 성장을 위해 꼭 필요한 힘이 자신에게 들어오는 것'이라 말할 수 있다.

　때문에 "힘든 것은 바로, 좋은 것"이다. 왜냐하면, "자신에게 꼭 필요한 힘이 들어오는 것"이기 때문이다. 우리가 흔히 표현하는 "위기는 곧 기회다"라는 말 역시 그에 대한 참된 의미는 동일하다. 우리가 일상에서 맞이하는 "고난, 역경, 아픔, 힘듦 등의 상황 역시도 자신의 성숙과 성장을 위해 자신에게 꼭 필요한 힘이 들어오는 것"이다. 그렇기에 현차적 현실에서 주어지는 모든 상황과 경험들을 진심으로 중요하고 소중하고 감사하고 행복하게 흡수하는 삶의 자세는 너무나 중요한 것이다. 그러므로 인해 자신이 원하는 꿈과 목표를 현실로 실현 가능한 힘을 비로소 모을 수 있게 되기 때문이다.

우리가 살아가면서 뜻밖의 힘든 상황을 맞이하게 되었을 때, 자신 또는 서로에게 격려하기 위해 주로 쓰는 표현들을 한번 살펴보자. 우선 인생의 길흉화복은 변화가 많아서 예측하기 어렵다는 말로 자주 쓰는 '새옹지마'가 대표적이다. 그리고 쓴 것이 다하면 단 것이 온다는 뜻으로, 고생 끝에 즐거움이 온다는 의미의 '고진감래'라는 표현도 그러하다. 끝으로, 기쁜 상황도 지나가니 함부로 교만하지 말고, 슬픈 상황도 지나가니 낙심하지 말고 항상 의연한 태도를 가지라는 의미의 "이 또한, 지나가리라,"라는 말도 있다. 이 표현들 속에는 담겨 있는 공통적인 진리 법칙이 있다. 그것은 바로 "자신에게 주어진 힘든 상황들을 성심을 다해 중요하고 소중하고 감사하고 행복하게 흡수하면, 그 과정에서 모아진 힘을 토대로 반드시 더 성숙하고 성장된 상황으로 도약, 발전할 수 있다"라는 부분이다. 그로 인해 우리는 보이진 않지만, 냉엄하게 작용하고 있는 우주의 운영법칙인 진리를 체감할 수 있는 것이다.

우리가 살아가면서 직면하는 모든 어려움은, 결국 우리를 더 강하고 더 지혜롭게 만든다. 또한, 실패를 경험하게 되더라도 그것은 단순히 실패로 끝나는 것이 아니라 새로운 배움의 기회가 되는 경우가 많다. 어려움이 닥쳤을 때, 우리는 흔히 좌절하거나 불만을 느끼기가 십상이다. 하지만 그 순간에도 노력하여 감사할 이유를 찾을 수만 있다면, 반드시 그 위기를 기회로 삼아서 한층 더 성장할 수 있게 된다. 그 때문에 삶에서 도전의 상황을 맞이하게 되더라도, 그때마다 그것을 중요하고 소중하고 감사하고 행복한 성숙의 기회로 인식하고 사고를 전환하는 삶의 자세는 필수이다. 이를 통해, 자신에게 주어진 기회를 알아차리고 미래에 대한 긍정적인 에너지를 스스로 불러일으킬 수 있기 때문이다.

그러기 위해서는 먼저 육체를 통해 자신에게 필요한 힘을 먼저 충전하여야만 한다. 그럴 수 있는 아주 좋은 방법이 바로, 인체의 주요 부위 7곳(교근, 비강, 두피, 뇌, 하복부 단전, 손, 발)에 대한 힘을 회복시키는 것이다. 이는 인체 에너지 충전에 있어 매우 탁월한 효과가 있다. 그러한 상태에서의 모습은 마치 강렬하게 포효하면서 스스로 파이팅을 외치는 모습과 매우 흡사하다. 이때의 인체는 활기·활력의 힘이 쌓여서 온몸으로 순환이 되는 상태이다. 그러므로 인해 육체에 필요한 인체 에너지를 매우 효과적으로 충전하게 되는 것이다. 그러한 과정에서 표정과 호흡, 말과 동작 등은 육체적·정신적 에너지 충전에 있어서 매우 중요하게 영향을 준다.

먼저 표정 부분 있어서는, 활짝 웃는 웃음에 해당하는 '뒤센 웃음'과 매우 흡사한 **'충전표정'**은 두피와 얼굴에 분포된 뇌신경을 활성화하고, 뇌의 신경전달물질인 도파민 분비도 활성화하여, 풍부한 산소 공급과 함께 우울증, 불안, 스트레스 해소에 매우 탁월한 효과를 미친다. 또한, 비강과 아랫배 단전을 중심으로 호흡하며, 초고속 인체 에너지 충전을 돕는 '충전호흡' 역시 인체 에너지 충전에 있어 매우 탁월한 효과를 준다.

그와 함께 에너지를 원활하게 순환시키는 **'충전동작'** 역시 인체의 에너지 충전에 있어 그 효과를 극대화한다.

이처럼 앞에서 잠시 언급된 **충전표정, 충전호흡, 충전동작** 등에 관한 더 상세한 안내와 설명은 이 책의 뒤쪽에서 안내하고 있다. 자신에게 필요한 힘을 모을 그릇에 해당하는 육체의 상태를 갖추는 것은 너무나 중요하다. 왜냐하면, 육체적으로 활기·활력의 상태가 되어야만 비로소 정신 에너지 충전도 자연스럽게 될 수 있기 때문이다.

이러한 정신 에너지 충전에 대한 방법은 바로, 자신에게 주어진 현실에 대한 감사 그리고 자신이 원하는 꿈과 목표가 이미 현실로 실현되어 있는 **"그래~! 됐다~!!"**의 시점에서의 고차적 감사 등이 바로 그것이다. 그러한 과정을 통해, 살아가면서 항상 습관처럼 '힘들지 않으려고 애쓰며 전전긍긍하는 모습'이 **빠르게** 변화된다. 다시 말해, 어떠한 상황에서도 적극적으로 부딪히며 기꺼이 해보고자 하는 자발적이고도 능동적인 모습으로 변하게 되는 것이다. 그러한 자신의 변화에 스스로 놀라면서 비로소 자신에 대한 신뢰와 믿음이 빠르게 구축된다. 바로 진정한 의미의 자신감과 자존감이 생기는 것이다.

정리를 해보면, 우리가 살아가면서 행복을 느끼지 못하는 이유는, 감사함을 인식하지 못하기 때문이다. 그 원인은 일상에서 안정의 욕구로 인해 늘 힘들지 않으려는 애씀에 빠져, 정작 중요하게 집중해야 하는 일상에서의 감사함을 놓쳐버리기 때문이다. 그로 인해 자신의 꿈과 목표가 실현되어 있는 차원과 관점에 대한 집중과 확신을 놓치게 되는 것이 반복되곤 한다. 따라서, 이제는 누구나 〈자기경영 헬스케어〉를 통해 삶의 고됨을 감사로 전환하여 더욱 의미 있고 행복한 삶을 실현할 수 있다.

> # 심신의 건강이 태도를 결정하고,
> # 실패도 희망찬 출발로 승화시킨다

~~~ 6 ~~~

건강한 정신과 육체의 상태가 삶의 질에 미치는 영향력은 너무나 절대적이다. 여기서 말하는 심신의 건강이란, 신체적 건강뿐 아니라 정신적, 정서적 건강을 포함하는 전반적인 웰빙 상태를 의미한다. 이러한 심신 건강은 우리의 사고방식, 감정, 행동방식 등을 총체적으로 결정하며, 아울러 실패에 대한 인식과 대응에 있어서도 그에 대한 태도를 결정한다. 이러한 심신의 건강이 삶과 태도에 미치는 영향력에 대해서 긍정적인 관점으로 살펴보자.

첫째, 심신이 건강하다는 것은 몸과 마음이 균형 잡혀 있다는 것을 의미한다. 신체적으로 건강하면 더 많은 에너지와 활력을 느낄 수 있으며, 이는 긍정적인 태도를 결정짓는 데 있어 깊은 연관이 있다. 정신적 건강 또한 중요한 영향력을 미친다. 마음이 안정되고 긍정적인 상태일 때, 사람은 더 희망적이고 낙관적인 시각을 가지게 된다. 이는 삶의 도전과 어려움에 대해 더 유연하고 건설적인 접근을 가능하게 한다.

둘째, 심신이 건강할 때 긍정적인 태도를 유지하기가 더 쉽다. 긍정적인 태도는 삶에서 직면하는 문제를 해결할 수 있는 능력을 증대시키고, 대인관계에서도 더 나은 상호작용을 가능하게 한다. 또한, 긍정적인 태도는 실패를 새로운 배움의 기회로 볼 수 있는 시각을 제공한다. 건강한 심신 상태는 이러한 긍정적 사고방식을 지탱하는 기반이 된다.

셋째, 실패는 누구에게나 찾아올 수 있는 경험이지만, 이를 어떻게 받아들이고 대처하는지가 중요하다. 심신이 건강한 상태에서는 실패를 절망적인 상황으로 보는 대신, 새로운 도전과 성장을 위한 기회로 재해석할 힘을 가질 수 있다. 건강한 마음은 실패의 경험 속에서도 긍정적인 면을 찾고, 다시 시작할 수 있는 용기와 의지를 갖게 한다. 이는 실패를 성공으로 향하는 과정 중 일부로 인식하게 만들며, 아울러 더 큰 목표를 이루기 위한 새로운 동기부여로 승화시킨다.

넷째, 심신 건강을 유지하기 위해서 규칙적인 운동, 명상, 적당한 수면, 균형 잡힌 식단 등의 건강한 생활습관은 너무나 중요하다. 그로 인해 육체적, 정신적 건강의 균형을 유지할 수 있다. 또한, 스트레스와 불안감을 줄이고, 자신감과 자기 효능감을 높이며, 설령 실패를 경험하더라도 강력한 회복력을 발휘할 수 있도록 한다.

다섯째, 심신의 건강은 긍정적인 태도를 강화하고, 긍정적인 태도는 다시 심신의 건강을 촉진하는 선순환을 만든다. 이 선순환은 삶에서의 실패와 도전을 더 잘 극복할 수 있게 해주며, 희망찬 출발로 나아가는 동력을 제공해 준다.

이처럼 심신이 건강할수록 삶에 대한 태도는 능동적이고, 실패에 대해서도 긍정적 해석을 통한 또 다른 출발로 여기는 등의 선순환 구조가 형성된다. 그리하여 실패를 긍정적으로 받아들이는 태도는 자신감을 높이고, 이는 다시 새로운 도전에서 더 나은 결과를 낼 수 있는 에너지를 공급한다. 그로 인해 심신 건강은 더욱 강화된다. 또한, 심신이 건강할수록 실패를 경험할 때, 긍정적인 태도를 통해 사회적 지지를 더 적극적으로 활용한다. 이를 통해 심리적 스트레스를 줄이고, 실패로 인한 부정적 영향을 최소화하는 것이다. 그뿐 아니라 실패를 성장의 기회로 보는 태도를 통해 자신에 대한 긍정적인 이미지를 형성한다. 그럼으로써, 스트레스 상황에서 더 큰 심리적 안정감을 제공하며, 신체적 건강에도 긍정적인 영향을 준다.

결론적으로, 심신의 건강은 삶에 대한 태도와 사고방식에 있어 결정적인 영향을 미치며, 이를 통해 실패에 대해서도 오히려 새로운 출발점으로 삼고 스스로 희망을 품을 수 있게 한다. 이처럼 건강한 심신 상태는 실패를 성장의 기회로 보고, 이를 통해 더 나은 자신으로 발전할 수 있는 동기와 능력을 제공한다. 그리하여 실패를 또 다른 출발로 여기는 긍정적인 태도를 지속하여 성공과 웰빙을 이루게 해준다. 이는 자기계발과 성장에 있어 매우 중요한 요소이며, 건강한 삶을 영위하기 위한 필수적인 기반이다.

끝으로 자기관리를 통해 심신의 건강을 강건하게 하는 것은 너무나 중요하며, 그에 따른 긍정적인 영향을 다음과 같이 정리해 보자.

첫째, 심신의 건강은 우리가 삶을 바라보는 시각과 일상적인 태도에 큰 영향을 미친다. 건강한 심신은 긍정적이고 유연한 사고방식을 형성하여, 삶에 대한 도전과 변화를 보다 긍정적으로 받아들이게 해 준다.

둘째, 심신의 건강이 좋은 사람들은 스트레스와 어려움을 긍정적으로 해석하고 극복하는 회복 탄력성(resilience)을 발휘할 수 있다. 실패나 실수를 학습과 성장의 기회로 받아들이는 삶의 태도가 그러하다.

셋째, 심신의 건강은 자기 효능감과 자신감을 강화한다. 이는 어떤 도전에 직면하더라도 스스로 문제를 해결할 수 있다는 믿음을 갖게 하여 실패를 두려워하지 않고 새로운 시도를 하도록 돕는다.

넷째, 심신의 건강이 좋은 사람들은 감정을 더 효과적으로 조절할 수 있다. 이로 인해 실패나 좌절에 대한 반응이 과도한 스트레스로 이어지지 않으며, 상황을 냉정하게 분석하고 새로운 시도를 모색하는 태도를 돕는다.

다섯째, 건강한 심신은 고정된 사고방식(fixed mindset)에서 벗어나 성장 지향적 사고방식(growth mindset)을 가질 수 있게 한다. 이는 실패를 끝이 아니라 성장과 배움의 기회로 보는 태도를 갖추도록 돕는다. 실패는 누구나 경험하는 것이며, 이를 어떻게 받아들이고 처리하는지는 개인의 태도와 심신 건강 상태에 따라 달라진다. 실패를 새로운 출발로 보는 사람들은 다음과 같은 특징을 가지고 있다.

- 실패를 단순한 좌절이 아니라 새로운 경험과 교훈을 얻는 기회로 생각한다. 이를 통해 자신을 더 발전시키고, 미래의

성공 가능성을 높이는 전략을 세우게 된다.

· 실패를 두려워하지 않고 계속해서 도전하는 용기를 갖는다. 이는 실패를 피할 수 없는 과정으로 보고, 이를 통해 더 나은 자신으로 성장하려는 자세이다.

· 실패 후에도 새로운 목표를 설정하고, 기존의 전략을 수정하여 더 나은 방법을 모색하는 태도를 유지한다. 이는 실패를 통해 무엇이 잘못되었는지를 분석하고, 더 효과적인 접근 방식을 찾는다.

· 실패를 또 다른 출발점으로 삼는 태도는 내적인 동기(intrinsic motivation)에 의해 주도된다. 이는 외부의 인정이나 보상보다 자기 성장과 목표 달성에 대한 내적 열망으로 더 강하게 유지될 수 있다.

> **밝고 환한 얼굴, 활기·활력의
> 육체와 정신으로 변화시켜라**

7

육체가 건강하기 위해서는 인체 전기장이 강화되어야 한다. 물속에 산소가 부족해지면 물이 오염되고 고기들이 떼죽음을 당하듯이, 사람의 몸에도 산소가 부족해지면 온갖 질병이 생긴다. 물속에 녹아 있는 산소의 양은 물이 가지고 있는 전기량과 비례한다. 마찬가지로 사람 몸에도 산소가 충분해야 인체에 필요한 전기량도 많아지는 것이다. 그러한 인체 전기가 만일 부족해지면 우리 몸은 쉽게 병들게 된다. 세포의 약 70%가 물로 이루어져 있기에, 세포 내의 전기가 줄어들면 그만큼의 산소도 줄어들게 된다. 그로 인해 박테리아가 창궐하게 되며 정상적인 박테리아에서부터 덜 자란 박테리아까지 모두 유해균으로 성장하게 되는 것이다.

또한, 잘못된 식생활 습관과 틀어진 자세, 운동 부족 및 과로, 여러 가지 근심 걱정과 부정적 사고 등으로 인한 몸과 마음의 에너지 소진과 방전은, 세포가 제대로 기능을 발현하지 못하게 하여 만성 통증, 산소 부족, 세포 기능 저하, 체내 독소 적체, 각종 피부적 질환, 비효율적 신진대사, 류머티스, 자가면역 질환, 식도염 및 방광염 등의 다양한 부작용을 발생시킨다. 바쁜 현대인들은 운동할 시간이 별로 없다는 이유로 인체 에너지가 절대적으로 부족한 실정이다. 그로 인해 현대인들 상당수가 크고 작은 질병들에 시달리고 있다. 즉, 평균 수명은 크게 늘었지만 그만큼 각종 질병으로 고생하다가 세상을 마감하는 경우가 함께 증가하고 있다. 이것이 바로 현대인들이 육체적·정신적으로 필요한 에너지를 충전해야 하는 이유이다.

동양의학에서 말하는 인체 전기인 '기(氣)'는, 세포 속 양자들의 진동에 의한 에너지장의 흐름이며, 그 에너지장은 약 5V의 전기를 띠고 있다고 한다. 물리학자 브레이트 클레인은 "인간의 육체 이면에는 눈에 보이는 않는 진동으로 구성된 '에너지체'가 빛의 진동 상태로 존재한다."라고 했다.

사람에게는 강력한 '정신의 힘'이 작용한다. 우리는 흔히 그것을 정신력이라고 말을 한다. 이러한 정신력 발현이 가능하기 위해서는 그에 따른 충분한 인체 전기가 필요하다. 정신력은 인체 전기를 바탕으로 하여 정신과 육체의 융합 작용으로 발현되는 실질적인 기능이다. 그와 동시에 과학적인 생리작용의 현상이기도 하다. 이러한 정신력은 강약의 차이는 있겠지만, 엄연히 실재하며 이러한 힘이 외부의 물질이나 현상에 대해 물리적인 현상을 일으키는 정도는 사람의 상태에 따라 차이가 있다. 이처럼 정신력은 심리학에서 말하는 자기암시, 자기최면, 마인드 컨트롤 등과도 맥락을 같이하며, 우리가 집중하여 정신력을 발현할 때는 세로토닌이나 도파민, 엔돌핀 등의 호르몬이 분비되어 심신이 안정되며 생리적인 작용과 함께 명상의 효과가 단시간에 나타나기도 한다.

그렇다면 육체적 활기와 정신적 활력을 바탕으로, 건강하고 행복하게 풍요로움 속에서 성숙하고 성장하는 삶을 실현하기 위해서는 어떻게 해야만 가능할까? 그에 대한 가장 첫 번째 대답은 바로, 인체에 필요한 에너지 충전을 극대화해야 한다는 것이다. 그러기 위해서는 앞에서도 잠시 언급하였듯이 인체의 주요 7곳(교근, 비강, 두피, 뇌, 하복부 단전, 손, 발)에 대한 힘을 활성화하여서 육체적으로는 활기가 넘치고, 정신적으로는 자신감과 활력이 충만한 상태가 되어야 한다. 또한, 항상 꿈과 목표에 대해서는 "나는 나를 사랑한다", "나는 나를 돕는다", "나는 할 수 있다", "나는 잘할 수 있다", "된다", "됐다" 등의 마인드와 함께 언어로 자주 자신에게 말해주어야 좋다.

인체의 신경계 구조는 나무를 거꾸로 세워 놓은 구조와 매우 흡사하다. 나무는 뿌리 부위가 나무 전체에 미치는 영향력이 절대적이듯이, 인체도 뿌리 부위에 해당하는 머리 부위의 '뇌 신경'

이 인체 전체에 미치는 영향력은 매우 큰 비중을 차지한다. 따라서 뿌리 부위에 해당하는 두피와 얼굴 부위에 분포된 '뇌 신경'이 활성화되도록 하는 방법이 바로 밝고 환한 표정을 짓는 것이다.

그러한 상태를 기반으로 활기·활력 있는 육체와 정신의 상태가 언제 어디서든 누구나 될 수 있도록, 충전사고, 충전자세, 충전표정, 충전호흡, 충전스피치, 충전동작 등의 단계별 방법을 안내할 예정이다. 그리하여 여성 4명이 단지 '검지손가락'만으로 의자에 앉아 있는 약 80kg 이상의 남성을 언제든 가볍게 번쩍 들어 올릴 수 있는 활기·활력의 상태를 누구든 가능하도록 할 수 있다.

또한, 양손 중 한쪽 손의 손가락들이 길게 늘어난다는 생각을 약 30초가량 집중한 후에 다른 손의 손가락들과 상호 길이를 측정해 보면, 약 1cm가량 늘어나 있는 것을 누구나 경험할 수 있듯이, 인체 에너지를 기반으로 일으킬 수 정신작용이 인체 내부적 상태와 인체 외부적 상황에 미치는 영향력에 대해 더욱 진중하게 인식할 수 있도록 돕는다.

따라서, 우리는 밝고 환한 얼굴과 활기·활력의 육체와 정신의 상태로 자신을 변화시킴으로써, 더욱 건강하고 행복하게 성숙하고 성장하면서 자신이 원하는 꿈과 목표를 실현할 수 있다. 그로 인해 물질적·정신적으로 풍요롭고 안정된 삶을 실현할 수 있다. 우리는 평소 자기가 하는 생각과 말 그리고 표정과 행동 등이 자기의 감정과 건강에 얼마나 큰 영향을 미치는지 체감하지 못한 채 무방비 상태로 살아왔다. 그러한 부분에 의해서 자신의 상태와 상황이 항상 실시간 결정되어 왔음을 미처 알지 못한 채 말이다. 따라서 우리는 반복된 노력을 통해 자신이 원하는 상황이 실현될 수 있도록 할 수 있는 자신의 상태를 스스로 만들 수 있다. 이처럼 지금의 시대는 삶의 운명을 스스로 개척하고 창조할 수 있는 과학적 원리와 법칙을 스스로 이해하고 노력하여, 자신이 원하는 삶과 상황을 개척하고 발전시켜 나갈 수 있는 시대이다.

> ## 자신의 심신 건강을 도울 때 일어나는
> ## 경제창조의 기적

~~~ **8** ~~~

누구나 삶을 잘 살아가기를 원한다. 그럼 도대체 삶을 잘 살아간다는 개념은 어떤 개념일까? 아마 현대인들의 상당수는 물질적으로 풍요로운 삶을 가장 먼저 떠올릴 것이다. 그렇다면 과연 잘 산다는 개념이 비단 물질적으로 풍요로운 삶만을 의미하는 것일까? 조금만 생각해 봐도 분명 그건 아니라는 생각을 대부분은 할 것이다. 물질적으로 풍요로운 삶은 말 그대로 물질이 풍요로운 삶일 뿐이지, 마치 그것이 삶 전체를 잘 살고 있는 것이라 대변할 수는 없기 때문이다. 그렇다면 도대체 삶을 잘 산다는 것은 어떤 개념일까? 그것은 바로 삶의 목적을 명확하게 알고, 그것에 충실한 삶을 살아가는 것을 의미한다. 그러기 위해서는 우선 삶의 목적에 대한 의미부터 명확하게 알아야 한다.

인간이 육체를 입고 인생이라는 삶을 살아가는 목적은, 바로 자기 상태에 대한 성숙과 성장을 위해서이다. 여기에서 꼭 알아야 할 부분이 바로 '상태'에 대한 명확한 개념이다. 사람을 구성하는 요소를 살펴보면, 크게 '육신'과 '정신'으로 구성되어 있다. 그와 함께 사람이 살아 움직이기 위해서는 '인체 에너지'도 필수 요소이다.

그중에서 '정신'에 대한 또 다른 표현을 살펴보면 흔히, '영혼'이라고 부르기도 한다. 영어에서 'soul' 또는 'Spirit'이라는 단어가 영혼, 정신 등의 뜻을 내포한다. 사람들은 흔히 '영혼'을 하나의 의미로 표현하며 사용하고 있지만, 실제 '영혼'은 다시 '영'과 '혼'으로 엄연히 구별된다. 영은 '혼을 안내하고 돕는 의식체'이고, 혼은 바로 자신의 육체를 입고 삶을 주도하여 살아가는 '에고에 기반한 의식체'로서, 우리가 인생을 살아갈 때 주체적인 존재라고 할 수 있다.

그렇기에 자신의 상태란, 바로 자신의 '영'과 '혼'과 '육체'의 상태를 종합적으로 나타내는 개념이다. 고로 삶의 목적에서 말하는 '상태의 성숙과 성장'이란, 바로 '영과 혼의 상태에 대한 성숙과 성장'을 의미한다. 여기에서 꼭 알아야 할 부분은, 바로 '영은 밝게 밝히는 것'이고, '혼은 크게 키우는 것'이라는 개념이다. 다시 말해, 모르고 있던 것을 알게 된 만큼, 그리고 미처 자각하지 못했던 것을 깨닫게 된 만큼, 비로소 '영은 밝아지는 것'이다. 반면 '혼이 큰다는 개념'은 그와는 전혀 다른 개념이다. 혼이 크기 위해서는 영이 밝아져서 몰랐던 것을 알게 된 이후, 그 깨달음을 몸소 실천하고 행동하면서 그만큼의 경험이 쌓인 만큼 혼은 비로소 크게 되는 것이다.

그렇다면 본격적으로 '영과 혼의 상태가 성숙하고 성장'하기 위해서는 무엇을 어떻게 해야 할까? 그것은 바로, 자신의 앞에 주어지는 모든 상황에 대한 진심 어린 감사의 마음을 가지고, 그것을 온전히 온몸과 마음으로 흡수하는 자세에서부터 시작한다. 자신에게 주어진 모든 상황과 경험들이 자신의 성숙과 성장을 위해 우주로부터 주어지는 중요하고 소중하고 감사하고 행복한 기회이자 배려라는 철저한 인식과 앎에서부터 비로소 진정으로 성숙하는 삶의 여정이 시작되는 것이기 때문이다. 그러한 과정에서, 첫 번째 단계는 기존의 자신이 알지 못했던 부분을 알게 되어 더욱 지혜롭게 발전하는 단계이다. 두 번째는, 내적으로 스스로가 부정하고 거부하며 두려워하고 있던 감정이나 생각들에 대해, 온전히 그 가치의 중요함, 소중함, 감사함 등을 인정하며 진심으로 받아들여 흡수하는 단계이다. 이러한 단계를 통해 자신의 성숙도를 스스로 체크할 수 있다. 그리고 그 과정에서 정말로 놀라운 성숙의 변화 발전이 일어나게 된다.

당신이 누군가를 만났는데, 그가 앞에서 언급한 삶의 자세로 살아가고 있다고 가정해 보라. 거기다가 앞장에서 말한 것처럼, 밝고 환한 얼굴에 활기·활력의 육체와 정신의 상태를 갖추고 삶을 살아가고 있는 상대라면, 과연 그러한 상대에게 당신은 어떠한 반응이 일어나겠는가? 아마도 어떻게 해서든 친분을 쌓고 당신도 그러한 상태가 될 수 있도록 도움을 받고자 하는 마음이 들지 않겠는가? 그것은 아마도 당연한 반응일 것이다. 왜냐하면, 살아가면서 그렇게 제대로 삶을 실천하며 살아가는 사람을 찾기는 쉽지 않기 때문이다. 너무나 옳은 개념임에도 불구하고 그러한 삶을 제대로 실천하면서 살아가는 사람을 찾고 만난다는 것이 흔하지 않은 것은 사실이다.

이처럼 자기의 생각과 감정과 육체 그리고 자신에게 주어진 환경을 잘 운영하다 보면, 육체적으로 건강하고 정신적으로 행복한 평화로운 상태가 된다. 그러한 상태에서 자신의 목표를 달성하고 실현하는 생산적 능력은 점점 향상될 것이다. 만일 당신 앞에 있는 상대가 그처럼 평화적이고, 생산적이기까지 한 삶을 실천하며 살아가고 있다면, 당신은 과연 그러한 상대를 보고도 그냥 무심하게 지나치고 싶은가? 아니면 그러한 상대에게 도움을 받아서라도 당신의 삶도 그처럼 변화시키고자 하는 욕구가 일어나겠는가? 아마도 후자 쪽의 반응이 대부분일 것이다. 그건 바로 성숙과 성장의 욕구가 영혼의 본능이기 때문이다.

이제 우리가 자각해야 하는 것은, 바로 인생에 있어서 무엇을 우선시해야 하고, 또한 그것을 어떻게 해야 하는지에 대한 정체성 회복이다. 우리는 각자 자신의 인생이라는 원대한 사업을 펼치는 삶의 CEO들이다. 즉, 우리는 각자 자신의 삶이라는 사업의 경영자이다. 사업을 하는 사람은 '경제'를 벌어야 한다. 여기서 말하는 '경제'는 단순히 '돈'만을 의미하는 것이 아니라, 바로 '사람'과 '세상에 대한 영향력'과 '돈'을 모두 포함하는 개념이다. 하지만 사업이 아닌 장사는 그중 오직 돈만을 추구하는 개념이다. 인생은 장사꾼이 돈만 좇는 장사의 패러다임이 아니라, 삶을 경영하며 경제(사람+영향력+돈)를 추구하는 사업의 패러다임으로 운영해야만 한다. 그런데 지금 시대에는 상당수가 그저 돈만을 벌려고 하는 장사꾼의 패러다임에 빠져 점점 인생 사업을 부도내며 망해가는 사례가 급증하고 있다. 그리하여 결국 그 끝자락에서 남는 것은, 몇 푼의 물질과 사랑하는 사람들과의 단절로 인한 외로움이 상당수이다.

하지만 원대한 인생 사업의 목표를 품고 경제를 추구하고자 하는 인생의 사업가는, 가장 먼저 사람을 벌고자 한다. 그것도 자신에게 유익한 사람을 스스로가 솔선수범하고 주도하며 벌어들인다. 사람을 번다는 개념이 무척 생소하지만, 한편으로는 신선하지 않는가? 과연 사람을 번다는 것은 어떻게 하면 되는 것일까? 거기다가 자신이 원하는 사람을 주도해서 번다는 것은 더더욱 배우고 싶은 개념이다. 그 방법은 바로, 사람들이 본받고 싶은 삶을 당신이 먼저 솔선수범하여 실천하는 노력을 시작하는 것이다. 진정한 인생 사업은 바로 자신과 타인의 성숙과 성장을 돕는 사업이다. 그렇다. 그러한 인생 사업은 반드시 성공하게 되어있다. 자신과 타인이 살아가면서 반드시 알아야 할 것을 알 수 있도록 돕는 사업, 모두가 자기 스스로 부정하고 거부하며 두려워하고 있던 것들을 스스로가 인정하고 받아들일 수 있도록 돕는 사업, 불평·불만·불행 속에 있던 것을 감사하여 행복할 수 있도록 돕는 사업 등은 모두 앞으로의 시대에서 너무나 중요하고도 성공할 수밖에 없는 사업 활동이다. 왜냐하면, 누구나 너무나 필요로 하는 분야인데, 그것을 제대로 도와줄 수 있는 참된 인재가 매우 드물기 때문이다.

즉, 앞으로 시대에 발전할 수밖에 없는 참된 사업은, 바로 각 개인의 '퍼스널 브랜드'를 발전시켜서 '퍼스널 파워'를 향상하고 발전시킬 수 있도록 돕는 컨설팅, 코칭, 멘토링, 티칭, 트레이닝 등이 모두 해당한다. 그것이 바로 4차 산업혁명 시대를 맞이하여 인간의 육체적·정신적 노동력이 인공지능 AI에 의해 위협을 받는 시점에서, 인류가 빠르게 갖추어야 하는 고차적 역량에 해당하는 5차 산업의 영역이다. 어떠한 시설을 차리고 갖추어서 사업 활동을 해야 하는 것이 아니라, 일상 속에서 그저 묵묵히 자신의 심신 건강을 스스로 도우면서 자신에게 주어져 있는 삶에 임하면 된다.

기존에 노력했던 어떠한 방식보다도 당신이 자신의 심신 건강을 제대로 돕는 것과 비례해서 당신의 주변으로부터 당신을 대하는 반응이 적극적인 신뢰와 호응으로 다가올 것이다. 그리하여 점점 당신의 주변에는 좋은 사람이 모이면서 점점 더 경제가 벌리는 것을 경험하게 될 것이다. 그리고 그들은 당신에게 점점 더 신뢰를 보내면서 자신이 가지고 있던 사회적인 영향력과 힘을 당신에게 보태기 시작할 것이다. 그와 함께 당신에게는 기존과는 차원이 다른 패러다임의 물질적 풍요도 점점 다가올 것이다. 그것이 바로 자신의 심신 건강을 스스로 도우면서 시작되는 경제창조의 기적이 본격적으로 당신의 삶에서 시작되는 것이다. 그렇게 당신을 중심으로 모여드는 좋은 사람들 역시, 점점 밝고 환한 얼굴과 활기·활력의 육체와 정신을 갖추게 되면서, 당신이 경험한 경제창조의 기적을 그들도 똑같이 경험하게 되는 반복이 이어지는 것이다. 그렇게 좋은 대물림의 패러다임이 점점 확장되고, '선순환'되면서 당신은 인생에서 놀라운 기적의 주인공이 되는 것이다. 상상해보라. 자기의 심신 건강을 스스로 도왔을 뿐인데 자신에게 일어날 경제창조의 기적이 그려지지 않는가?

> ## 현차적 감사와 고차적 감사의
> ## 융합이 일으키는 기적 창조

9

우리가 삶을 살아가고 있다는 것은, 기본적으로 살아서 숨을 쉬고 있다는 의미이다. 그리고 사람들 대부분은 보고, 듣고, 냄새 맡고, 맛을 느끼고, 촉감을 느끼는 등의 오감도 건강하게 허락된 상태로 살아간다. 그리고 건강한 팔과 다리를 통해 일상을 바쁘게 영위하며 살아간다. 그 외에 자신에게 주어져 있는 다양한 인연과 수많은 조건 속에서 우리는 어느덧 바쁘고도 무덤덤한 삶을 살아가고 있는 경우가 대다수다.

우리가 곰곰이 생각해 보면, 살아가면서 정말로 감사해야 하는 것들이 참으로 많다는 것을 자각하게 된다. 하지만 사람들 대부분은 그에 대한 감사함을 인식하지 못한 채 살아간다. 그뿐 아니라, 사람들의 상당수는 불평·불만 속에서 스스로 불행하다고 느끼며 살아간다. 그러다 보니 현대인들에게 우선 가장 시급한 부분은, 바로 일상에서 자신에게 주어져 있는 모든 상황에 대한 감사함을 먼저 회복하는 것이다. 그것이 바로 현차적 감사함이다.

그와 함께, 고차적 감사함도 시급하다. 고차적 감사함이란, 자신이 실현하고자 하는 꿈과 목표가 이미 현실로 실현되어 있는 시점과 상황에서 느끼는 감사함과 행복감을 의미한다. 사람들 대부분은 생각하고 사고할 때, 반드시 자기의 과거 기억을 기반으로 삼는다. 우리가 보통 기억이라고 하면 과거에서 기반 되는 과거 기억을 의미한다. 하지만 지금의 시대는 미래기억에 기반한 사고력에 대한 중요성이 많이 강조되고 있다. 이미 오래전부터 뇌과학에서도 언급하고 있는 '미래기억'에 대한 사전적 의미를 살펴보면, '앞으로 해야 할 일에 대한 기억'이라고 정의하고 있다. 그러한 미래기억에 대한 사고력을 점점 더 집중하고 활성화하게 되면, 그에 대한 몰입도와 집중력이 향상되어 실질적인 현실감을 느낄 수 있게 되는 것이다.

그처럼 자신이 뜻하고 있는 꿈과 목표가 이미 현실로 실현되어 있는 '미래기억'에 대한 중요성이 뇌과학에서 전전두엽의 기능과 함께 많이 언급되었듯이, 다양한 자기계발 교육에서도 이러한 '미래기억'을 기반으로 한 '마인드셋'을 많이 강조하는 추세이다. 이처럼 미래기억을 기반으로 사고하며 임하는 삶의 자세는, 미래에 대한 확신과 현실에 대한 감사함을 바탕으로 매 순간에 대한 소중함과 행복감이 일상이 될 것이다. 하지만 아직 현대인들 대부분은 그러한 패러다임의 삶이 쉽지 않은 실상이다. 즉, 고차적 감사를 할 수 있는 역량이 아직은 너무나 부족한 상태인 것이다.

사람은 살아가면서 항상 두 곳의 에너지장(Energy Field)에 의식을 접속하며 살아간다. 하나는 일상적인 현실을 의미하는 '현차적 에너지장'이고, 또 다른 하나는 꿈과 목표가 이미 현실로 실현되어 있는 고차적 현실을 의미하는 '고차적 에너지장'이다. 우리는 살아가면서, 현차적 에너지장에서는 현차적 감사를 해야 하고, 고차적 에너지장에서는 고차적 감사를 해야 한다. 이러한 고차적 에너지장은 미래기억의 정보에너지를 현차적 에너지장으로 다운로드해 주는 구조적 관계라고 말할 수 있다.

사람들의 상당수는 현차적 현실이 모든 현실에 있어 전부라는 착각 속에 살아간다. 그 이유는, 살아가면서 오직 눈에 보이고 만져지는 것만 인정하는 오감 위주의 감각으로만 판단하며 현차적 현실에 갇힌 감각으로 살아가기 때문이다. 그러다 보니, 정작 미래기억의 고차적 현실에 집중하는 것 자체가 너무나 생소하다. 우리가 흔히 표현하는 '상상한다'라는 개념은 바로 미래기억의 고차적 현실에 집중하는 것을 의미한다. 이처럼 꿈과 목표가 이미 현실로 실현되어 있는 고차적 현실에 집중할 때, 우리의 육체는 고차적 현실의 정보와 에너지를 인체 전기 에너지로 변환시켜서 현차적 현실로 다운로드시킨다. 이때 매우 중요한 조건이 바로 육체적인 에너지 충전이 충분히 되어 있는 활기·활력의 상태가 필수라는 점이다. 그것이 바로 꿈과 목표를 실현하기 위해서 평소에 육체적 에너지 충전을 생활화해야 하는 이유이다.

현재의 인생을 바꾸고 싶다면, 근본적으로 자기의 생각과 행동과 습관을 전체적으로 바꾸어야 한다. 그러기 위해서는 자신이 잠식되어 있는 과거 기억에 의한 부정적인 '생각'과 '감정'을 찾아서 희망찬 미래에서 느낄 '생각'과 '감정'으로 전환해야 한다. 그런데 사람들은 대부분 과거 기억에서 느낀 '감정'을 기반으로 자신이 원하는 미래를 실현하고자 노력한다. 하지만 그것은 구조적으로 불가능한 일이다. 왜냐하면, 늘 과거에 입각한 생각과 그로 인한 감정과 행동을 반복하면서, 뇌 신경망에 그와 비례한 자극만을 주는 것이기 때문이다. 현대인들은 대부분이 이러한 모순적인 패턴을 반복하며 살아가고 있다.

오직 현재에 집중하며, 자신이 어떤 사람이 되고 싶은지, 자신이 원하는 상황은 어떠한 느낌의 상황인지를 떠올리며, 오직 그 느낌을 느끼려고 집중해 보라. 눈을 감고 미리 자신이 원하는 경험에 대한 리허설을 하는 것이다. 리허설을 통해, 자신이 느낀 감정의 상태를 종일 지속하며 원래의 무덤덤하거나 부정적인 상태로 돌아가지 않을 수만 있다면, 반드시 자신의 상태와 상황은 빠르게 변화, 발전하게 된다. 가장 중요한 핵심은 오랫동안 그러한 충만함의 감정을 지속하느냐이다. 이 과정에 꾸준하고 지속적인 연습이 필수적으로 중요하다. 그렇게 무의식 속에 각인되길 원하는 생각과 감정을 집어넣고, 하고 싶은 행동을 리허설하면, 그 생각과 행동이 무의식에 입력된다. 그리고 뇌의 신경들은 그 일들이 실제로 일어난 것처럼 느끼게 된다. 인체는 무의식의 지배를 받기 때문에, 그러한 감정이 상상으로 일어난 감정인지, 실제로 일어난 일인지 구별하지 못한다. 즉, 뇌의 언어인 생각과 몸의 언어인 감정을 조절하고 변화시킴으로써 스스로가 원하는 상태를 만드는 것이다. 사람들 대부분이 바뀌지 못하는 이유가 바로 항상 과거를 생각하며 하루를 시작하기 때문이다.

이제 우리는 '미래기억'을 통해 새로운 현재를 만들 것인지, '과거 기억'을 통해 늘 똑같은 현재를 만들 것인지를 선택해야 한다. 만약 자신이 미래로부터 현재를 만들고자 결정했다면, 눈을 감고 마음속으로 그리는 생각이 완벽한 '감정'으로 느껴져야 한다. 그렇게 뇌와 온몸이 미래를 미리 맛보게 해야 한다.

우리는 부자가 되기 위해 먼저 풍요로움을 느끼는 상태의 연습을 해야 하고, 좋은 인간관계를 형성하기 위해서는 사람들에 대한 사랑을 먼저 느끼는 상태의 습관이 필요하다. 즉, 원하는 것을 막연하게 기대하며 수동적으로 기다리는 태도의 패러다임이 아닌, 원하는 것이 있으면 그것이 이미 실현되어 있는 상황에 대해 실감을 느끼고 감사하는 태도의 패러다임으로 전환해야 한다. 그저 막연하게 기대만 하고 무작정 기다리는 삶은 평생 결핍 속에서 삶을 살 수밖에 없다. 그처럼 뭔가를 수동적으로 기다리기만 하는 행동은 오히려 자신의 꿈과 목표 실현을 더 멀리 도망가게 하는 결과만 초래할 뿐이다.

우리가 미래를 창조하겠다는 생각을 하기 어려워하는 이유는, 생각이 미래를 창조할 수 없다고 생각하기 때문이다. 만약 생각만으로 미래를 창조할 수 있다면 하루라도 '생각하는 것'을 놓칠 사람은 없을 것이다. 아마도 모두가 절대 놓치지 않고 생각을 통하여 미래를 창조하려고 시도할 것이다. 매일 아침, 감사함과 행복을 느끼며 일어나고, 아침에 원하는 미래를 상상하면서 힘을 얻고 완벽한 자신을 느끼며 하루를 시작한다면, 뭐든지 할 수 있기에 그냥 이뤘다고 생각하고 행복을 느끼는 반복적 연습이 필수이다.

그렇게 이미 이룬 느낌과 감사한 감정을 무의식에 심는 것이다. 그처럼 꿈과 목표가 이미 실현되어 있는 느낌과 그에 따른 감정에는 어떠한 결핍이나 분노도 없으며, 오히려 풍요로움과 충만함만 있을 뿐이다. 자신의 미래기억 속에서 자신이 어떤 생각을 하는지, 어떤 행동을 하는지, 어떤 감정을 느끼는지가 모든 것을 결정한다. 신경과학에서는 이미 이러한 원리들이 사실임이 입증되었다. 새로운 인생과 현실을 창조하기 위해 우리가 해야 하는 본질적인 변화는 바로 생각과 감정과 행동의 습관적 변화이다. 어떤 이들 중에는 자신이 수시로 자기 암시를 하거나 확언을 하였지만 원하는 미래를 전혀 창조하지 못했다고 말하는 이들이 있다. 그 이유는 바로 이러한 '생각'과 '감정'에 대한 조절까지는 고려하지 못한 채 그저 겉으로 보이는 행위만 하였기 때문이다.

우리는 이제 완전히 다른 사람이 되어야 한다. 지속적인 연습을 통해 완전하게 자신을 바꾸어야 한다. 과거의 기억과 습관을 뛰어넘어 새로운 미래기억을 기반으로 미래를 창조하며 살아야 한다. 그러한 노력의 과정에서 뇌의 리더인 전전두엽은 활성화되며, 전전두엽과 연결된 다른 부분의 뇌들이 뇌 속의 모든 지식과 경험을 토대로 자연스럽게 새로운 방법들을 찾게 된다. 그러한 과정에서 명확한 비전이 그려지고, 열정을 가지게 되며, 진짜 일어나는 일처럼 느끼게 되는 것이다. 그렇게 육체는 실감과 함께 에너지를 느끼게 되며, 필요한 행동이 자연스럽게 일어나게 된다.

이처럼 현차적 감사와 고차적 감사가 함께 융합하게 되면, 우리는 미래에 대한 확신 속에 현실의 매 순간이 너무나 중요하고 소중하고 감사하고 행복한 과정임을 인식하게 된다. 생각해 보라. 그러한 당신의 삶은 항상 활기·활력 속에서 전율과 감동과 함께 풍요롭고도 품격 있는 명품 인생이 될 것이다.

> ## 상대의 심신통합 건강을 도울 때
> ## 일어나는 대인관계의 선물

～ 10 ～

상대의 심신통합 건강을 도울 때 일어나는 대인관계의 선물
은, 여러 가지 차원으로 경험할 수 있다. 우선 여기서 언급하는
'대인관계의 선물'이란, 상대방의 건강과 웰빙(Well-being)을 돕는
과정에서 나와 상대방 양측 모두가 얻는 긍정적인 경험과 배움
그리고 성장 등을 의미한다. 이러한 긍정적 효과 및 결과는 육체
적, 정신적, 정서적, 심리적 등의 다양한 차원으로 나타날 수 있
다.

상대의 심신통합 건강을 도울 때는 상대의 육체적, 정신적,
정서적 건강을 통합적으로 고려하여 도울 수 있어야 가장 좋다.
사람은 심신통합 건강이 좋아지면 자신과 타인의 감정을 잘 인
식하고, 이에 대하여 적절한 반응을 할 수 있다. 이는 공감 능력

(empathy)을 강화하고, 갈등 상황에서도 감정을 잘 조절하여 더 깊이 있는 인간관계를 형성하고 유지하는 데 큰 도움이 된다. 또한, 명확하고, 솔직하며, 공감적인 방식으로 자기의 생각과 감정을 표현할 수 있게 된다. 더불어 관계에서 발생하는 갈등이나 오해를 해결하는 데 필요한 감정적 에너지를 유지할 수 있다.

그렇다면 상대의 심신통합 건강을 도울 때, 경험하게 되는 대인관계의 선물에 대하여 살펴보도록 하자.

첫째, 상대방의 심신통합 건강을 돕는 과정에서 양측 모두가 배울 기회를 얻게 된다. 도와주는 사람은 상대의 경험과 반응을 통해 새로운 이해와 통찰을 얻고, 상대방 역시 도움을 받는 경험을 통해 자신의 몸과 마음에 대한 새로운 인식을 가질 수 있다. 이러한 과정은 양 방향적 배움으로 이어지며, 서로에게 상호 성장과 배움을 준다.

둘째, 심신통합 건강을 돕는 과정에서 신뢰와 공감이 형성된다. 상대방의 건강과 행복을 위해 진정으로 노력하는 과정을 통해 깊은 유대감이 형성되고, 이는 인간관계를 더 견고하게 만들어 준다. 신뢰는 건강한 인간관계에 있어 핵심 요소이며, 이러한 도움을 주는 관계를 통해 더 깊은 신뢰적 관계가 구축된다.

셋째, 상대방의 고통이나 도전에 대해 공감하고 이를 극복할 수 있도록 도울 때, 이해와 공감 능력이 향상된다. 이러한 과정을 통해 감정적 지지와 이해를 통한 관계가 이루어지며, 아울러 대인관계에서의 깊이 있는 교류와 소통도 가능해진다.

넷째, 상대방의 심신통합 건강을 돌보는 과정에서 상대에게만 치유와 위안을 제공하는 것뿐만 아니라, 자기 자신도 그 과정에서 정서적 치유를 경험할 수 있다. 도움을 주는 과정에서 자신의 감정을 표현하고 치유하는 시간이 되기도 한다. 이로 인해 대인관계에서 매우 중요한 정서적인 상호작용의 긍정적인 면이 강화된다.

다섯째, 상대방의 심신통합 건강을 돕는 것은 자신이 다른 사람에게 긍정적인 영향을 미치고 있다는 느낌을 준다. 이는 '자아실현감'과 '만족감'을 높이며, 자신의 존재가치와 인생의 목적을 더 깊이 이해하게 하는 계기가 된다.

여섯째, 상대방의 심신통합 건강을 돕는 대인관계에서는 서로의 어려움을 이해하고 지지하는 환경이 조성된다. 이러한 환경은 양측이 도전과 어려움을 극복할 힘을 서로에게 주고, 삶에서의 다양한 도전들을 함께 헤쳐나갈 수 있는 지지 체계를 형성한다.

일곱째, 상대방의 심신통합 건강을 도울 때, 우리는 감사의 미덕을 경험하게 된다. 작은 성과와 변화에도 감사하는 마음을 가지게 되고, 이를 통해 인내의 중요성을 깨닫게 된다. 이러한 태도는 더 나은 인간관계를 형성하고 유지하는 데 매우 큰 도움이 된다.

여덟째, 상대방의 심신통합 건강을 돕는 것은 때론 영적인 성장의 기회가 될 수 있다. 도와주는 과정에서 개인의 믿음, 가치를 재검토하고 그에 대한 더 깊고 큰 의미를 찾을 수도 있다. 이는 영적 성장을 촉진하고 더 큰 깨달음을 얻도록 한다.

따라서 상대의 심신통합 건강을 돕는 과정에서 일어나는 대인관계의 선물은 단순한 도움이 아닌, 상호에게 성장의 기회를 주고받는 소중한 과정이다. 이러한 선물은 관계의 깊이를 더욱 견고하게 하고, 나아가 삶의 질을 향상시키며, 더불어 건강하고 의미 있는 인간관계를 형성하는 데 중요한 역할을 한다.

이처럼 상대의 심신통합 건강을 도우면서 대인관계를 멋지게 구축하기 위해서는, 그전에 자신의 심신통합 건강을 우선 먼저 강화하여 이를 통한 대인관계를 더욱 능숙하게 관리할 수 있도록 다양한 노력을 해야 한다. 끝으로 그에 대한 노력 사항들을 자세히 살펴보자.

첫 번째, 자기 인식 훈련을 통해 자신의 감정, 생각, 행동 패턴을 인식하고 이해해야 한다. 이는 대인관계에서 매우 중요하며, 이를 위해 명상, 마음챙김(Mindfulness) 등의 마인드 컨트롤 기술을 통해 자신의 내면 상태를 자주 점검하고, 감정을 관찰하는 습관이 필요하다.

두 번째, 자기관리 기술을 통해 스트레스 관리 및 균형 잡힌 식사, 규칙적인 운동, 적당한 수면 등 건강한 생활 습관을 유지한다. 자기관리가 잘 되면 상대방과의 상호작용에서 더욱 차분하고 침착하게 대처할 수 있기 때문이다.

세 번째, 대인관계에서 핵심적인 요소인 공감 능력의 향상을 통해 타인의 감정을 이해하고 공감하는 능력을 향상해야 한다. 공감은 상대방의 입장으로 생각하고 느끼는 능력을 의미하며, 이는 신뢰를 쌓고, 더 깊이 있는 인간관계를 형성하는 데 매우 중요하다.

네 번째, 상대방의 말에 적극적 경청(Active Listening)을 통해 그들의 감정을 반영하고 이해하는 노력을 해야 한다. 이는 대화 중에 눈 맞춤을 유지하고, 상대방의 말에 집중하며, 적절한 피드백을 주는 방식으로 이루어질 수 있다.

다섯 번째, 비폭력 대화(NVC, Nonviolent Communication)를 통해 상대방의 감정과 욕구를 존중하며, 자신의 감정과 욕구를 솔직하게 표현하는 방식을 연습해야 한다. 이는 갈등 상황에서 오해를 줄이고, 협력적 해결 방안을 찾는 데 큰 도움이 된다.

여섯 번째, 자기의 생각과 감정을 명확하게 표현하고, 동시에 상대방의 말을 경청하는 균형 잡힌 의사소통으로 관계를 긍정적으로 발전시키는 노력이 필요하다.

일곱 번째, 갈등이 발생했을 때, 문제의 원인을 파악하고, 해결책을 찾는 데 집중하는 노력을 해야 한다. 문제의 본질에 집중하고, 서로의 요구와 기대를 명확히 하는 것이 중요하다.

여덟 번째, 모든 갈등이 즉각적으로 해결될 수는 없지만, 타협과 협의를 통해 더 나은 결과를 도출하려고 노력해야 한다. 이를 위해서 유연한 사고와 개방적인 태도가 필요하다.

아홉 번째, 가족, 친구, 동료 등과의 긍정적 관계를 통해 심신 건강을 유지하려는 노력이 필요하다. 긍정적이고 지지적인 인간관계는 심리적 안정을 제공하고, 스트레스를 줄이는 데 큰 도움이 되기 때문이다.

열 번째, 중요한 인간관계에 대해 정기적으로 점검하여, 관계 속에서 문제가 발생하였을 시 이를 해결하기 위한 적극적 노력이 꼭 필요하다.

열한 번째, 매일 일정 시간을 정해 명상을 실천하여 자신의 내면 상태를 안정시키고, 대인관계에서의 감정 조절 능력을 강화하는 것이 무척 중요하다. 또한, 주변 사람들에게 감사의 마음을 표현하는 것 역시 관계를 긍정적으로 발전시키는 데 탁월한 효과가 있다. 이는 상대방에게 긍정적인 에너지를 전달하며, 상호 신뢰를 구축하는 데 매우 큰 도움이 된다.

열두 번째, 대인관계에서 피드백을 받을 때 방어적이기보다는 열린 자세로 이를 수용하고, 이를 바탕으로 자기개선을 위해 노력하는 것은 정말로 중요하다.

열세 번째, 다양한 사람들과의 경험을 통해 대인관계 기술을 연습하고, 관계 속에서 배우려는 자세는 무척 중요하다. 이는 다양한 상황에 맞게 대처하는 능력을 키우는 데 있어 큰 도움이 된다.

결론적으로 심신통합 건강은 자신과 타인의 감정과 행동을 이해하고 조절하는 능력을 향상하여, 더욱 건강하고 깊이 있는 인간관계를 형성하는 데 아주 핵심적인 조건이다. 이를 위해서는 자기 자신에 대한 '인식'과 '감정'을 인지하는 능력을 높이고, 더욱 효과적인 의사소통과 갈등 해결을 위한 기술도 학습하며, 꾸준한 자기관리와 성장의 노력도 지속해야 한다. 이러한 노력이 모여 균형 잡힌 심신의 건강을 유지해 주며, 나아가 더 나은 사회적 연결망을 구축하고 유지하는 데 있어 매우 큰 도움이 되기 때문이다.

Part. II

〈자기경영 헬스케어〉 실천하기

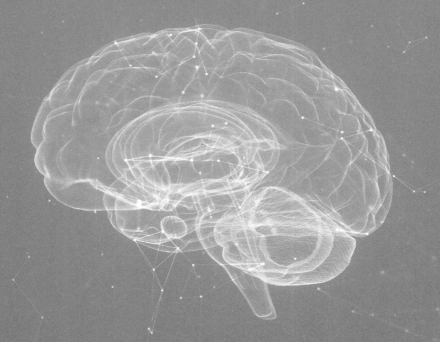

기초편

> ## 육체와 정신의 분열적 건강관리를
> ## 통합 관리하라

~~~ **1** ~~~

　육체와 정신의 분열적 건강관리를 통합 관리한다는 개념은, 육체적 건강과 정신적 건강을 별개로 구별하여 관리하는 것이 아닌, 이 둘을 통합한 전인적(holistic)인 건강관리를 의미한다. 이는 육체와 정신이 밀접하게 연결되어 있으며, 상호작용한다는 이해에서 기반한 것이다. 현대 의학과 심리학에서도 육체적 건강과 정신적 건강이 긴밀하게 연결되어 있다는 점을 강조하고 있으며, 이러한 통합적 접근이 건강과 웰빙을 유지하는 데 있어 매우 중요하다고 말한다.

　다음은 육체와 정신의 통합적 건강관리에 대한 중요성에 대해 살펴보자.

　첫째, 육체와 정신의 상호작용 부분이다. 육체적 건강과 정신적 건강은 서로 영향을 주고받는다. 육체적인 질병이나 통증은 정신적 스트레스와 불안을 유발할 수 있으며, 반대로 만성적인 스트레스와 불안은 육체적 질병을 악화시키거나 새로운 질병을 유발할 수 있다. 예를 들어, 우울증이나 불안 장애는 면역 기능을 저하시키고, 소화기 문제나 심혈관 질환을 악화시킬 수 있다. 반대로 만성 통증이나 만성 질환은 정신적 스트레스를 증가시키고, 우울증이나 불안을 유발할 수 있다.

둘째, 육체와 정신의 분리된 접근의 한계 부분이다. 육체적 건강과 정신적 건강을 별도로 관리하는 접근은 분명한 한계가 있다. 예를 들어, 육체 증상만을 치료하는 경우 그 증상의 근본 원인이 정신적 스트레스나 감정적 문제일 때 완전한 치료가 불가능하다. 반대로, 정신 건강 문제를 해결하기 위해 심리적 치료만을 시도할 때, 육체적 상태나 생활 습관이 고려되지 않으면 치료 효과가 제한적일 수 있다. 따라서, 육체와 정신을 통합적으로 관리하는 접근은 매우 필요하다.

셋째, 통합적 건강관리의 이점 부분이다. 통합적 접근은 육체와 정신의 상호작용을 이해하고, 이를 바탕으로 전인적인 치유와 관리를 돕는다. 이는 전반적인 삶의 질을 높이고, 더 나은 치유의 결과를 가져올 수 있다. 그러므로 육체적 건강과 정신적 건강을 동시에 관리하면, 질병 예방, 증상 관리, 회복력 등이 강화될 수 있다.

다음은 육체와 정신의 통합적 건강관리에 관해 조금 더 깊게 살펴보자.

첫째, 심신의학(Mind-Body Medicine) 부분이다. 심신의학은 육체와 정신이 상호작용하여 질병과 건강에 영향을 미친다는 이해에 기반한 의학적 접근이다. 이는 명상, 요가, 심호흡, 자아 성찰 등의 방법을 통해 정신적 스트레스를 관리하고 육체적 건강을 증진한다. 예를 들어, 명상과 심호흡 연습은 스트레스 호르몬인 코르티솔을 감소시키고, 면역 기능을 강화하며, 심박수와 혈압을 안정시킬 수 있다. 이러한 방법은 육체와 정신의 균형 유지에 도움을 준다.

둘째, 인지행동치료(Cognitive Behavioral Therapy, CBT)와 생활 습관 관리 부분이다. 인지행동치료는 정신적 건강 문제를 다루는 데 매우 효과적인 방법 중 하나이며 스트레스, 우울증, 불안 등을 유발하는 비합리적인 사고 패턴을 인식하고 교정하도록 돕는다. 그러한 인지행동치료와 함께 건강한 생활 습관(규칙적인 운동, 균형 잡힌 식사, 충분한 수면)을 실천하면 정신적 안정과 육체적 건강이 동시에 향상될 수 있다. 운동은 엔돌핀 분비를 촉진해 기분을 좋게 하고, 스트레스를 감소시키며, 정신적 건강 향상에 적극적인 도움을 준다.

셋째, 통합적 치료 방법(Integrative Medicine) 부분이다. 통합적 치료 방법은 서양의학과 동양의학, 대체의학(예: 한방, 침술, 영양치료, 아로마테라피 등)을 결합하여 육체적, 정신적, 감정적 건강을 통합적으로 관리하는 접근법이다. 예를 들어, 만성 통증 환자의 경우, 약물치료와 함께 침술, 마사지, 요가 등의 보완 요법을 사용하여 통증을 줄이고, 동시에 스트레스를 줄이는 명상과 심리 상담을 병행하는 방식이다.

넷째, 심신 연계 운동(Mind-Body Exercises) 부분이다. 요가, 태극권, 기공, 필라테스 등의 심신 연계 운동은 육체와 정신의 조화를 이루는 데 효과적이다. 이러한 운동은 육체적 유연성과 근력을 기르는 동시에, 호흡과 명상을 통해 정신적 평화를 얻을 수 있다. 이러한 운동은 스트레스 관리, 감정 조절, 자기 인식 향상에 도움을 준다. 육체 활동을 통해 스트레스 호르몬을 줄이고, 동시에 정신적 명료성을 높일 수 있다.

다섯째, 정신 건강을 위한 영양치료(Nutritional Psychiatry) 부분이다. 영양치료는 음식이 정신 건강에 미치는 영향을 이해하고, 이를 통해 육체적 건강과 정신적 건강을 동시에 개선하려는 접근이다. 정신 건강 문제와 관련된 영양 결핍을 보충함으로써 증상을 완화할 수도 있기 때문이다.

여섯째, 마음챙김(Mindfulness) 기반 스트레스 감소법(MBSR) 부분이다. 마음챙김 기반 스트레스 감소법(Mindfulness-Based Stress Reduction, MBSR)은 육체적, 정신적 건강의 통합적 관리를 위한 방법으로, 현재 순간에 집중하여 비판 없이 자신의 경험을 수용하는 마음챙김(Mindfulness)을 통해 스트레스를 관리하는 접근이다. MBSR은 만성 통증, 불안, 우울증, 심혈관 질환 등 다양한 육체적, 정신적 문제를 다루는 데 효과적이다. 이 방법은 육체와 정신의 연결성을 강화하고, 삶의 전반적인 질을 높이는 데 도움을 준다.

일곱째, 정신적 및 감정적 해소 기법(Emotional Release Techniques) 이다. EFT(Emotional Freedom Technique)와 같은 기법은 신체와 정신의 연결을 통해 정서적 스트레스를 해소하고, 육체적 증상을 완화하는 데 도움을 준다. 이는 감정적 문제를 육체적 에너지 블록으로 인식하고, 이를 해소하는 데 중점을 둔다. 감정 해소 기법은 개인이 자신의 감정을 인식하고 수용하며, 표현할 수 있도록 도와주어 정서적 건강과 육체적 건강을 동시에 향상시킨다.

다음은 육체와 정신의 심신통합 건강관리를 위한 전략적 요건에 관해서 살펴보자.

첫째, 균형 잡힌 생활 습관 유지 부분이다. 규칙적인 운동, 균형 잡힌 식사, 충분한 수면, 스트레스 관리 등은 육체와 정신의 건강을 모두 지원하는 필수적인 요소이다. 일상적인 루틴을 통해 육체적 건강과 정신적 안정성을 유지하고, 둘 간의 균형을 유지하도록 한다.

둘째, 정기적인 건강 점검 및 피드백 부분이다. 정기적으로 육체적 건강과 정신적 건강 상태를 점검하고, 필요할 때 전문가의 도움을 받는 것이 중요하다. 정기적인 피드백을 통해 건강관리의 방향을 조정하고 최적화할 수 있다.

셋째, 전문가와의 협력 부분이다. 의사, 심리상담사, 영양사, 운동 전문가 등 다양한 분야의 전문가와 협력하여 종합적인 건강관리 계획을 구축하는 것이 좋다. 이는 육체와 정신의 통합적 관리에 있어서 큰 도움이 된다.

넷째, 개인 맞춤형 접근 부분이다. 각 개인의 필요와 상황에 따라 맞춤형의 접근이 필요하다. 한 사람에게 효과적인 방법이 다른 사람에게는 적합하지 않을 수도 있기에 자신에게 가장 적합한 방법을 찾도록 해야 좋다.

다섯째, 커뮤니티와 사회적 지원 활용 부분이다. 가족, 친구, 동료 등과의 사회적 관계를 유지하고, 커뮤니티의 지원을 받는 것은 정신적 건강과 육체적 건강 등 양쪽 모두에 긍정적인 영향을 준다. 이러한 사회적 연결은 스트레스 완화와 정서적 안정을 크게 돕는다.

이처럼 육체와 정신의 분열적 건강관리를 심신통합으로 통합 관리하는 것이, 육체적 건강과 정신적 건강을 하나로 연결하는 전인적 건강의 관점에서 얼마나 중요한지를 알아보았다. 따라서 우리가 일상생활 속에서 육체적 건강과 정신적 건강에 대한 관리를 따로가 아닌 항상 하나의 통합 개념으로 생각하고 통합적 건강관리를 실천함으로써, 더욱 건강하고 윤택한 삶을 실현하도록 하자.

타인 의존적 건강관리에서
자기 주도적 건강관리로 개선하라

"

~~~ 2 ~~~

타인 의존적 건강관리에서 자기 주도적 건강관리로 전환한다는 개념은, 개인의 건강관리에 있어서 외부나 타인의 도움에 의존하는 방식에서 벗어나, 개인 스스로가 자신의 건강을 책임지고 관리하는 주도적인 삶의 방식을 말한다. 그리하여 자신의 육체적, 정신적, 정서적 건강을 능동적으로 인식하고 관리하여, 그 과정에서 필요한 건강관리 계획을 스스로 구축하고 실천하며 평가하는 것을 말한다. 그에 대한 이해를 돕기 위해 '타인 의존적 건강관리'와 '자기 주도적 건강관리'에 대한 차이점 등을 살펴보자.

첫째, 타인 의존적 건강관리의 특징은, 주로 의사, 치료사, 트레이너, 코치 등의 전문가에게 자기 건강관리의 대부분을 의존하는 방식이다. 이러한 방식은 개인이 수동적으로 처방된 약물 또는 치료를 따르거나, 건강 관련 결정을 타인에게 맡기는 방식이다. 그러다 보니 개인이 자신의 건강에 관한 결정에 있어서 필요한 정보나 판단을 스스로 하기보다는, 전문가의 지침과 처방을 따르는 경우가 많다. 이는 처음은 도움이 될 수 있으나, 점점 갈수록 개인 스스로 자발적인 자기관리의 역량이 제한됨으로써 갈수록 자율성과 자기 효능감이 저하되어 스스로 건강 문제를 해결할 능력을 기르지 못하는 위험이 있다.

둘째, 자기 주도적 건강관리의 특징은, 개인이 자신의 건강에 대한 주체적인 책임감을 품고, 자신의 건강 상태를 파악하여 필요에 따라 목표를 설정하며, 그 목표를 달성하기 위한 계획을 수립하면서 실행하는 능동적인 방식을 말한다. 이는 자신에 대한 깊은 이해와 자기 인식을 바탕으로 건강에 대한 목표를 스스로 설정하고, 그 목표를 달성하기 위한 구체적인 행동을 취하는 방식이다. 이러한 자기 주도적 건강관리 방식은 장기적인 건강 유지와 삶의 질을 향상하는 데 있어 매우 유익하며, 아울러 개인의 자율성과 자기 효능감을 강화한다.

이처럼 자신의 건강관리에 대한 패러다임을 '타인 의존적 건강관리'에서 '자기 주도적 건강관리'로 전환해야 하는 이유와 필요성은 너무나 명확하다. 자신의 건강관리를 타인에게 맡기는 방식은, 자신의 건강에 대한 결정권을 스스로 갖지 못하게 되는 것이다. 반면 자기 주도적 건강관리 방식은, 자신의 건강에 대해 주체적으로 책임감을 품고 스스로 관리하는 것이다. 그러므로 인해 개인이 자신의 건강을 관리할 수 있는 능력에 대한 신념이 강화되고, 자신이 설정한 건강 목표를 스스로 달성할 수 있다는 자신감과 함께 자기 효능감이 높아지게 되는 것이다. 또한, 건강 관리에 대한 주체성을 스스로 확보함으로써, 자신의 선택과 행동에 대한 통제력을 스스로 갖추게 되는 놀라운 효과가 발현된다.

반면, 타인 의존적 건강관리 방식이 일시적 문제 해결에 있어서 효과적일 수는 있지만, 장기적 건강관리에서 한계는 분명히 있다는 것이다. 예를 들어, 의사의 처방을 따르기만 하는 경우, 처방이 끝나면 다시 건강 문제가 재발하는 경우가 대표적이다. 반면, 자기 주도적 건강관리 방식은 건강 유지를 위해 지속 가능한 행동과 생활 습관을 스스로 개발하고 유지할 수 있다. 그 외에도 타인 의존적 건강관리는 많은 시간과 비용이 든다. 왜냐하면, 전문가와의 정기적인 상담, 치료, 약물 복용 등에 드는 비용과 시간이 상당할 수 있기 때문이다. 그에 반해, 자기 주도적 건강관리는 이러한 비용을 줄이고, 개인 스스로가 더욱 효과적으로 시간과 건강을 관리할 수 있다. 그와 함께 자기 효능감을 향상하여, 더 큰 자신감과 정서적 안정감을 스스로 갖춘다. 이로 인해 스트레스와 불안 감소에 큰 도움이 된다. 사람은 건강에 대한 통제감을 스스로 느낄 때, 더 긍정적인 태도를 가지며, 그로 인한 정신적 웰빙에 있어 매우 긍정적 영향을 받는다.

이처럼 자기 주도적 건강관리를 실천하기 위해서는 가장 먼저, 자신의 육체적, 정신적, 정서적 상태를 정확히 인식하는 것이 중요하다. 그로 인해 자신의 현재 건강 상태, 생활 습관, 스트레스 요인 등을 파악하는 것이 우선이다. 그러기 위해서는 일기 쓰기, 명상, 자기 성찰, 건강 기록 앱 등을 활용하는 것이 좋은 방법이다. 이를 통해 자신의 생활 패턴과 변화에 대한 이해를 스스로 높일 수 있다.

또한, 건강에 대한 명확하고 구체적인 목표를 설정하는 것도 아주 중요하다. 목표는 구체적, 측정 가능, 달성 가능, 관련성, 시간제한 등의 기준에 따라 설정되어야 좋다. 예를 들어, "더 건강해지고 싶다"라는 막연한 목표 대신, "6개월 안에 체중을 5kg 감량하고, 매주 3회 운동을 지속하겠다." 등과 같이 구체적인 목표가 설정되어야 좋다.

그뿐 아니라, 자기 주도적 건강관리를 위해서 매우 중요하게 작용하는 자기 효능감도 강화해야 한다. 작은 성공의 경험을 통해 자신감을 쌓고, 점진적으로 더 큰 목표에 도전함으로써 자기 효능감을 강화할 수 있는 것이다.

끝으로, 긍정적 자기 대화와 격려를 통해 실패를 배움의 기회로 삼고, 지속적인 성숙과 성장의 변화를 추구하는 삶의 태도가 매우 중요하다.

결론적으로, 타인 의존적 건강관리 방식에서 자기 주도적 건강관리 방식으로의 전환은 한마디로, 개인이 자신의 건강에 대해 더 많은 책임감과 주체성을 가지고 살아가는 삶의 방식을 의미한다. 이를 통해 개인은 더 큰 자율성과 스스로에 대한 통제감을 갖추게 되며, 전반적인 삶의 질이 매우 향상된다. 이처럼 자기 주도적 건강관리는 장기적인 건강 유지와 웰빙을 촉진하며, 개인이 스스로 건강한 삶을 살아갈 수 있도록 하는 데 있어 매우 중요하고 탁월한 삶의 방식인 것이다.

저차원적 건강관리에서 고차원적 건강관리로 개선한다는 개념은 단순히 육체적 건강관리에 초점을 맞춘 '저차원적 건강관리'로 접근하는 것에서 벗어나, 정신적, 정서적, 사회적, 영적 차원까지 아우르는 '고차원적 건강관리'의 방향으로 나아가야 하는 것을 의미한다. 이는 건강을 하나의 국한된 영역으로만 바라보는 것이 아니라, 전반적인 삶의 질과 웰빙을 통합적으로 고려하는 총체적 접근의 관점으로 접근하는 개념을 의미한다. 이에 따라 우선 '저차원적 건강관리'와 '고차원적 건강관리'에 대한 차이점을 살펴보도록 하자.

첫째, 저차원적 건강관리는 주로 육체적 건강에 중점을 둔 건강관리 방식을 의미한다. 이는 질병 예방, 체중 관리, 운동, 식습관 개선 등과 같은 육체적인 건강 요소에 집중한다. 대부분의 전통적인 의료 시스템과 건강관리 프로그램이 이러한 저차원적 접근을 따르며, 주로 증상 관리와 치료에 초점을 맞춘다. 이러한 접근은 육체적 건강 유지에는 효과적일 수 있으나, 정신적, 정서적, 사회적, 영적 건강을 충분히 고려하지 못할 수 있다.

둘째, 고차원적 건강관리는 육체적 건강을 넘어서, 정신적, 정서적, 사회적, 영적 건강을 포함하는 포괄적이고 총체적인 접근을 의미한다. 이는 건강이란 단순히 질병이 없는 상태가 아니라, 육체적, 정신적, 정서적, 사회적으로 완전한 상태라는 WHO의 정의와 일치된다. 고차원적 건강관리의 접근은 삶의 전반적인 질을 향상하는 데 중점을 두며, 개인의 건강을 다차원적으로 이해하고 관리하는 것을 목표로 한다. 이는 자기 인식, 자아실현, 내적 평화, 사회적 연결, 영적 성장을 포함한 다양한 요소를 모두 포함하는 것이다.

다음은 '저차원적 건강관리'에서 '고차원적 건강관리'로 전환해야만 하는 이유에 대해서 살펴보자.

첫째, 건강의 다차원적 본질 이해 부분이다. 인간의 건강은 단순히 육체적 요소에 국한되지 않고, 정신적, 정서적, 사회적, 영적 요소가 서로 긴밀하게 연결되어 있다. 육체적 건강 문제가 정신적 문제를 일으킬 수 있으며, 반대로 정신적 문제는 육체적 증상으로 나타날 수 있다. 고차원적 접근은 이러한 다차원적 상호작용을 이해하고, 보다 포괄적으로 건강을 관리할 수 있도록 해준다.

둘째, 지속 가능한 웰빙 추구 부분이다. 저차원적 건강관리는 일시적이고 단기적인 건강 문제 해결에는 효과적일 수 있지만, 지속 가능한 웰빙을 보장하기에는 한계가 있다. 예를 들어, 단순한 체중 감량 목표는 육체적 측면에서는 효과적일 수 있지만, 정신적 스트레스나 정서적 만족감을 고려하지 않으면 장기적으로 지속하지 못할 수 있다. 고차원적 건강관리는 육체적, 정신적, 정서적, 영적 건강을 모두 고려하여 지속 가능한 웰빙을 추구한다.

셋째, 삶의 질 향상과 전인적 성장 부분이다. 고차원적 건강관리는 단순히 건강 문제 해결을 넘어서, 개인의 전인적 성장을 촉진한다. 이는 자아실현과 내적 만족을 추구하고, 삶의 질을 향상하는 데 중점을 둔다. 이를 통해 개인은 더 큰 목적의식과 의미를 발견하고, 더욱 만족스러운 삶을 영위할 수 있다.

다음은 고차원적 건강관리를 위해 꼭 필요한 필수 요소와 그에 따른 전략에 대해서 살펴보자.

첫째, 육체적 건강관리 부분이다. 육체적 건강관리는 고차적 건강관리 부분에서 매우 중요하다. 이는 기본적인 생활 습관, 규칙적인 운동, 균형 잡힌 식사, 적절한 수면, 정기적인 건강 검진 등에 의해 관리된다. 이러한 육체적 건강은 정신적, 정서적, 영적 건강의 기초가 되므로, 이를 바탕으로 더 높은 차원의 건강관리를 통합할 수 있다.

둘째, 정신적 건강관리 부분이다. 정신적 건강은 고차원적 건강관리의 핵심 요소 중 하나이다. 이는 자기 인식, 자기 이해, 자기 수용을 통해 강화될 수 있다. 명상, 자기 성찰, 심리치료, 인지행동치료(CBT) 등은 개인이 자기의 생각과 감정을 이해하고 관리하는 데 큰 도움이 된다. 이러한 방법은 스트레스, 불안, 우울증 등을 예방하고 관리하는 데 매우 유용하다.

셋째, 정서적 건강관리 부분이다. 정서적 건강은 자신의 감정을 인식하고, 표현하며 조절하는 능력이다. 이는 건강한 인간관계와 사회적 상호작용에서 매우 중요하다. 감정 일기 쓰기, 감정 인식 연습, 정서적 지지망 구축(가족, 친구, 동료 등) 그리고 심리적 상담과 같은 방법을 통해 정서적 건강을 증진할 수 있다.

넷째, 사회적 건강관리 부분이다. 사회적 건강은 타인과의 관계와 상호작용에서 오는 웰빙을 의미한다. 이는 인간관계의 질, 사회적 지원, 공동체와의 연결을 포함한다. 고차원적 건강관리를 위해서는 건강한 인간관계를 유지하고, 사회적 소속감을 증진하며, 커뮤니티 활동에 참여하는 것이 중요하다. 이는 정서적 안정과 정신적 건강에도 긍정적인 영향을 미친다.

다섯째, 영적 건강관리 부분이다. 영적 건강은 자기 삶의 목적과 의미를 발견하고, 내적 평화와 조화를 이루는 것을 목표로 한다. 이는 반드시 종교적인 접근만을 의미하는 것은 아니며, 더 넓은 의미에서의 자기 초월과 내면의 성장을 포함한다. 명상, 요가, 철학적 탐구, 자연과의 교감, 봉사 활동 등은 영적 성장을 촉진하기 위한 좋은 방법이다. 이는 내적 균형과 평화를 유지하는 데 도움이 되며, 전반적인 웰빙을 향상시킨다.

그 외에도 고차원적 건강관리를 위해서는 통합적 치유 및 관리가 필요하다. 이는 전통적 서양의학과 대체의학(한방, 침술, 아로마테라피, 영양치료 등)을 결합하여 육체적, 정신적, 정서적, 영적 건강을 모두 고려한 치유 방법이다. 예를 들어, 만성 스트레스의 경우, 심리치유와 명상, 운동 요법, 영양 관리 그리고 사회적 지지망을 함께 활용하는 종합적인 치유 계획을 세울 수 있다.

그뿐 아니라, 고차원적 건강관리를 위해서는 자기 주도적 접근 방식이 필수적이다. 이는 개인이 자신의 건강을 책임지고, 스스로 학습하고, 계획하며, 실행하도록 하는 과정을 의미한다. 정기적인 자기 성찰과 피드백을 통해 건강관리 방식을 지속적으로 개선하고 조정할 수 있다. 이는 지속 가능한 건강과 웰빙을 보장하는 데 매우 중요한 요소이다.

결론적으로, 저차원적 건강관리 방식에서 고차원적 건강관리 방식으로 개선하는 것은, 단순한 육체적 건강관리를 넘어서, 정신적, 정서적, 사회적, 영적 건강까지 통합적으로 고려하는 총체적인 접근이다. 이를 통해 개인은 전반적인 삶의 질을 향상시키고, 자기 성장과 자아실현을 위한 길을 열어갈 수 있는 것이다.

심신통합 건강을 위한
나만의 시간에 투자하라

4

    심신통합 건강을 위한 나만의 시간에 투자해야 하는 이유는, 육체와 정신의 건강을 조화롭게 유지하고, 균형 잡힌 삶을 살아가기 위해서는 자신에게 집중하는 시간이 분명 필요하기 때문이다. 이는 정신적, 육체적 스트레스가 만연한 현대사회에서 자신을 돌보는 시간을 의도적으로라도 반드시 확보해야 한다는 의미이다. 그러기 위해서 우선은 '심신통합 건강'에 대한 기본적인 개념과 이를 위해 '자신만의 시간에 투자하는 방법'에 대해서 알아보도록 하자.

    먼저 '심신통합 건강'은 정신적 건강과 육체적 건강이 상호작용하여 조화로운 상태에 도달하는 것을 의미한다. 이는 스트레스를 해소하고, 내면의 평화를 찾으며, 육체와 정신의 균형을 유지하는 것을 목표로 한다. 심신통합 건강 중 정신적 건강은 스트레스 관리, 감정 조절, 명상 등을 통해 마음을 안정시키며 긍정적 사고를 유지하는 것 등이며, 육체적 건강은 규칙적인 운동, 적절한 휴식, 건강한 식습관 등으로 육체를 건강하게 유지하는 것을 의미한다.

이러한 심신통합 건강을 위해 '나만의 시간'이 필요한 이유는, 현대인들은 일과 인간관계, 외부의 자극 등으로 인해 육체와 정신이 너무나 지쳐 있기 때문이다. 이러한 외부의 자극에서 벗어나 내면의 평화를 찾고, 육체적·정신적 균형을 유지하는 데에 있어서 자신만의 시간을 갖는 것은 너무 중요하다. 왜냐하면, 그러한 시간을 통해 자신을 돌보지 않으면 스트레스와 불안, 과로로 인해 육체적, 정신적 문제가 반드시 생기기 마련이기 때문이다.

다음은 심신통합 건강을 위한 나만의 시간에 투자하는 방법에 대해서 살펴보자.

첫째, 매일 일정한 시간 동안 조용히 앉아 마음을 고요히 하는 명상을 통해 스트레스를 줄이고 내면의 평화를 찾는 것과 현재 순간에 집중하는 마음 챙김을 통해 일상에서 자기의 생각과 감정 그리고 육체적 감각을 인식하며 스스로 스트레스를 푸는 것이다.

둘째, 걷기, 요가, 필라테스, 충전 체조, 충전 호흡 등과 같은 육체적 운동을 규칙적으로 하여 몸을 이완시키고 정신을 맑게

하여, 심신통합 건강을 증진하는 것이다.

셋째, 깊고 규칙적인 호흡을 통해 긴장을 풀고 마음의 평화를 유지하는 등의 이완 기술을 실천하여 스스로 스트레스를 줄이고 심신을 연결하는 것이다.

넷째, 자신이 즐길 수 있는 취미나 창조적 활동을 통해 스트레스를 해소하고 내면의 행복을 느끼는 시간을 갖는 것이다. 그림 그리기, 글쓰기, 음악 감상 등 자신의 내적 상태를 표현하는 방법을 찾는다.

다섯째, 자연 속에서 시간을 보내는 것은 심신의 회복을 돕는 훌륭한 방법이다. 고로 자연을 산책하거나 캠핑을 통해 스트레스를 줄이고 마음의 평온을 찾는 것이다.

여섯째, 충분한 휴식과 수면은 심신통합을 위해 필수이다. 수면 부족은 육체적, 정신적 스트레스를 높일 수 있으므로 규칙적인 수면 습관을 기르는 것이다.

일곱째, 하루 10~20분이라도 자신만을 위한 명상이나 이완을 위해 시간을 내는 것, 규칙적으로 자신을 돌보는 자신만의 돌봄 루틴을 만들어 매일 꾸준히 실천하는 것, 끝으로 자신을 격려하는 긍정적 자기 대화를 하는 것 등을 통해 정신과 마음의 균형을 유지하는 것이다.

이처럼 심신통합 건강을 위한 나만의 시간에 투자해야 하는 이유는, 그저 단순한 휴식을 위해서가 아니라 지속 가능한 육체적, 정신적 건강을 위해서이다. 그로 인해 심신통합 건강을 실현할 수 있으며, 아울러 균형 잡힌 삶을 실현할 수 있게 되는 것이다. 그러한 노력을 통해 심신통합 건강을 추구해야 하는 진정한 이유는, 바로 개인의 성숙과 성장을 위해서이다.

우리가 살아가면서 반드시 성숙하고 성장하는 데 중점을 두어야 하는 데는 다음과 같은 이유 때문이다. 우주는 실시간 급팽창을 하고 있으며, 그와 함께 실시간으로 에너지 인플레이션이 지속해서 일어나고 있다. 그에 따라 지구촌의 에너지 질량도 점점 상승하고 있으며, 그에 따라 인류와 지구촌에도 세 가지의 변화가 함께 일어나고 있다.

첫째, 모든 것이 투명해지고 있다. 그러므로 인해 육체적으로는 맑아지고, 의식적으로는 점점 밝아지고 있다.

둘째, 모든 것에 대한 속도가 빨라지고 있다. 사회 전반적인 판단력, 사고력, 정보 처리 속도, 교통수단, 사회 전반적 운영 시스템 등의 처리속도가 너무나 빠르고도 체계적으로 변화 발전하고 있다.

셋째, 증폭력이 매우 커지고 있다. 현대사회는 어떠한 소식이 있으면 지구 반대편까지 순식간에 전달된다. 개인도 스스로 육체와 정신의 에너지가 균형 있게 그리고 충만 될수록 그와 비례하여 어느 순간 그 에너지가 폭발하듯 널리 세상 속에 드러나고 세워지고 알려지게 되는 법이다. 그리하여 그러한 한 사람이 전달하는 정보 전달력의 힘이 수천, 수만, 수십, 수백만 그 이상에게도 영향력을 미치는 것을 우린 흔히 보곤 한다.

이러한 흐름에 발맞춰 개인들도 자신의 에너지 질량을 상승시켜야 하기에 그러한 부분에 대한 시간 투자는 필수이다. 그러지 못하면 갈수록 심신이 지쳐 고달프고 무거운 삶을 살아가게 되는 것은 자명하다. 그러한 이유로, 개인도 스스로 에너지 질량을 상승시키기 위한 두 가지 노력을 해야 한다. 첫 번째는, 적극적인 육체 에너지 충전 부분이고, 두 번째는, 능동적인 정신 에너지의 충전 부분이다. 여기서 말하는 정신 에너지 충전이란, '자신이 알지 못하던 것을 스스로 알아가는 노력' 부분과 '자기 스스로 내심 부정하며 인정하지 못하고 있던 부분을 비로소 스스로 인정하고 받아들이는 노력' 부분 등을 모두 포함하는 개념이다. 다시 말해, '자신이 내적으로 알지 못하던 부분을 알 수 있게 되어서 더욱 지혜롭게 발전하는 상태가 되는 것'과 함께 '자신이 내면적으로 부정하고 거부하고 경멸하며 혹여라도 접촉하게 될까 두려워하던 생각이나 기억 및 감정 등을 자신의 성숙을 위해 중요하고 소중하고 감사한 것임을 인정하고 진심으로 받아들이게 되는 것' 등을 의미한다. 그로 인해, 삶의 목적에 해당하는 자신의 상태에 대한 성숙과 성장 부분을 스스로 도울 수 있게 된다.

그렇다면 이러한 부분이 왜 중요할까? 그것은 바로 내적으로 성숙된 만큼 외적인 확장도 가능하게 작용하는 우주의 운영법칙 때문이다. 다시 말해 미숙한 상태에서는 아무리 외적인 확장과 확산을 위해 노력해도, 결국은 그 미숙함으로 인해 스스로 노력한 결과를 그르치고 무너뜨리게 되기 때문이다.

원하는 '상태'가 되면, 원하는 '상황'은 이루어진다. 여기서 '상태'와 '상황'에 대한 공통점은 바로 '공간'이라는 점이다. 육체라는 형태의 테두리를 경계 기준으로 안쪽의 공간은 '상태'이고, 바깥쪽의 공간은 '상황'이다. 우리는 본능적으로 그리고 후천적으로 외부 공간에 해당하는 상황의 확장에만 너무 관심이 치우쳐 있다. 그런 만큼 자신의 내적 확장에 해당하는 성숙에 대해서는 상대적으로 관심이 부족하다. 다시 말해 자신에 대해 내적으로 부정하고 거부하던 것을 스스로 인정하고 받아들이는 부분이 매우 생소하고 어색하다. 하지만 우린 시간을 내어 틈틈이 자신의 성숙을 위한 그런 과정들을 노력해야 한다.

그러한 고차적 삶의 자세가 확립되었을 때, 비로소 "그래~! 됐다~!!"라는 개념이 자연스럽게 사고체계로 자리하게 된다. 그때 비로소 육체도 "그래~! 됐다~!!"라는 개념에 맞는 육체적 기능이 발현된다. 바로 그때 육체의 주요 부위 7곳에 "그래~! 됐다~!!"라는 개념에 맞는 힘이 보유되는 것이다. 그러므로 인해 자신이 실현하고자 하는 꿈과 목표가 현실로 실현되어 있는 실감과 확신이 자연스럽고 친근한 현실로 다가오게 되며, 그로 인해 그것이 빠른 속도록 현실로 나타날 것이다. 그때 비로소 자신이 경험하는 모든 순간의 현실이 중요하고 소중하고 감사한 과정임을 자각하며, 오직 자신이 할 일은 그저 '감사'뿐임을 스스로 알게 된다.

따라서 우리는 자신에게 주어지는 모든 경험이 바로 자기 삶의 목적인 성숙과 성장을 위해 주어지는 중요하고 소중하고 감사하고 행복한 기회임을 알고, 중요하고 소중하고 감사하게 흡수하는 삶의 자세와 노력에 많은 시간을 할애해야 한다. 그래야만 비로소 "나는 할 수 있다.", "나는 잘할 수 있다.", "본래부터 나는 내가 원하는 것이 이미 현실로 되어 있는 그 차원에서 지금의 현실로 와 있는 고차적인 존재이다." 등의 고차적 개념이 살아가는 삶의 기본자세로 자리하게 될 것이다. 그때 우리는 비로소 진정한 '성숙'과 '성장'이라는 삶의 목적을 실현해 나갈 수 있는 것이다.

> ## 매일 운동과 함께
> ## 심신통합 건강 수칙을 지켜라

~~~ **5** ~~~

매일 운동을 하는 것은 육체적, 정신적 건강에 매우 긍정적인 영향을 미치는 중요한 습관이다. 꾸준한 운동은 전반적인 체력 향상과 질병 예방뿐만 아니라, 스트레스 해소와 기분 개선에도 큰 도움을 준다. 다음은 매일 운동을 하는 부분에 대해 전반적으로 살펴보도록 하자.

첫째, 육체적 건강 증진 부분이다. 규칙적인 운동은 심장과 폐의 기능을 강화하고, 혈압을 낮추며, 심혈관 질환의 위험을 감소시킨다. 또한, 혈관의 건강을 향상하여, 고혈압, 고지혈증 및 심장병 예방에도 도움이 된다. 근력과 근지구력을 향상하여 장시간 몸이 지탱할 힘을 길러 준다. 또한, 관절과 뼈의 건강을 개선하여 골다공증이나 근골격계 질환도 예방하여 준다. 끝으로

칼로리를 소모하고 신진대사를 촉진하여서 체지방을 줄이고 체중을 건강하게 유지하는 데 큰 도움을 준다.

둘째, 정신적 건강 향상 부분이다. 매일 규칙적인 운동을 하면 스트레스 호르몬인 테스토스테론을 줄이고 기분을 좋게 만드는 호르몬인 엔도르핀 분비가 증대하여 스트레스를 줄이는 데 탁월한 효과가 있다. 이는 우울증 및 불안 증상을 완화하는 데에 큰 도움이 된다. 또한, 수면의 질을 높여 편안한 숙면을 돕는다. 그뿐 아니라 뇌에 산소 공급을 원활하게 하고 뇌의 신경 가소성을 촉진하여 기억력과 문제 해결 능력, 인지 능력 향상에 큰 도움을 준다.

셋째, 일일 운동 권장 부분이다. 걷기, 자전거 타기, 수영 등의 유산소 운동은 하루에 40분 정도, 일주일에 5일 이상을 전문가들은 권장하고 있다. 근력 운동은 일주일에 최소 2~3일 정도로 하여 웨이트 트레이닝이나 맨몸 운동(스쾃, 푸시업, 플랭크 등)을 통해 근육을 자극하는 것이 좋다. 끝으로 스트레칭 및 유연성 운동은 매일 짧게라도 실천하여 유연성을 높이고 근육 경직을 예방하는 것이 중요하다. 요가나 필라테스, 기체조, 충전 체조, 충전 호흡 등이 좋은 선택이다.

넷째, 매일 운동 시 고려해야 할 부분이다. 너무 긴 시간 동안 높은 강도의 운동을 매일 하게 되면 피로와 함께 몸에 무리가 갈 수 있으니, 본인의 체력에 맞는 운동량을 유지하는 것이 중요하다. 운동 강도나 시간을 점진적으로 늘려가는 것이, 부상 방지에 있어 매우 중요하다. 그러므로 중간 강도의 운동과 고강도의 운동을 번갈아 하는 것이 좋다. 그리고 충분한 휴식을 취하지 않으면 피로가 누적될 수 있으므로, 매일 운동하더라도 적절한 휴식일을 가지는 것이 필수이다. 또한, 한 가지 유형의 운동만 할 경우, 특정 근육이나 신체 부위에 과도한 부하가 걸릴 수 있다. 그 때문에 유산소, 근력, 유연성, 균형 운동을 모두 포함하는 균형 잡힌 운동 계획을 세워서 실천하는 것이 중요하다.

다섯째, 매일 운동 시 구체적인 장점 부분이다. 규칙적인 운동은 고혈압, 제2형 당뇨병, 심장병, 뇌졸중 등의 만성 질환 발병 위험을 현저히 낮출 수 있다. 그리고 꾸준히 목표를 달성하는 경험을 통해 성취감을 높여 자신감과 동기가 강화된다. 또한, 온종일 에너지를 높이고, 기분을 상쾌하게 만들며, 일상생활에 활력을 준다. 이처럼 매일 운동은 육체와 정신을 튼튼하게 해주며, 장기적으로 건강한 생활 방식을 유지하는 데 매우 큰 도움을 준다.

이처럼 매일 운동을 하는 것은 육체적 건강과 정신적 건강을 균형 있게 관리하여 삶의 질을 향상하는 데 있어 매우 중요하다. 이는 자기 주도적 건강관리 능력을 키우고, 일상에서 쉽게 실천할 수 있는 습관을 형성한다. 혹시 아침에 일어나기 어렵고 기운이 없는 증상이 지속되면 결코 그냥 내버려 두어서는 안 된다. 우리가 일상에서 느끼는 피로감의 원인은 육체적 또는 정신적 질환을 앓을 때거나, 심리적인 스트레스를 받을 때이다. 평소 특별히 육체적인 질병이 없는 경우는, 푹 자고 쉬는 것만으로 몸의 피로는 해소된다. 하지만 우리가 육체적으로 피로하면, 면역력이 떨어지면서 감기에서부터 암에 이르기까지 여러 가지 질병에 걸릴 위험수위가 높아진다. 그런데 문제는 정신적인 피로감도 그에 못지않게 부작용을 일으킨다는 점이다. 그 때문에 육체적인 피로감은 물론이고, 정신적인 피로감 역시도 우리는 반드시 해소해주어야 한다.

고로, 육체와 정신의 균형 잡힌 건강을 위한 심신통합 건강관리가 필요한 것이다. 이를 위해서 현대인들에게 꼭 필요한 '심신통합 건강 수칙' 5가지를 살펴보자.

첫째, 규칙적이고 균형 잡힌 식사를 해야 한다. 항상 규칙적인 시간에 적정량의 음식을 섭취한다. 그리고 가능하다면 저녁식사는 늦어도 오후 7시 이전까지 마치는 것이 좋다.

둘째, 규칙적이고 적당한 잠을 자야 한다. 뇌는 잠을 좋아하며 적당한 잠은 육체의 피로를 풀어주고, 뇌의 정보처리 속도를 높여 학업 또는 업무를 잘할 수 있게 해준다. 그리고 취침 시간은 가능하면 오후 11시 전에 잠자리에 드는 것이 가장 좋다. 하지만 어쩔 수 없이 밤잠을 줄여서 공부나 일을 해야 하는 상황이라면 하루 중 10~30분 사이의 낮잠이라도 꼭 자는 것이 좋다.

셋째, 매일 꾸준히 육체적인 에너지 충전을 위한 운동을 해야 한다. 우리가 음식과 수면만으로 필요한 육체적·정신적 에너지를 충분히 보충하기란 사실상 쉽지 않다. 따라서 반드시 적절한 운동이 동반되어야 한다. 하지만 알면서도 정작 생활 속에서 실천하지 못하는 것이 현대인들의 대다수 실상이다.

넷째, 자신에게 주어진 현실에 대한 중요함과 소중함, 감사함과 행복감을 인식하고 느끼면서 정신적인 에너지 충전을 습관화해야 한다. 이것은 너무나 중요한 부분이다. 우리는 현실에 대한 감사함을 놓치는 순간 불평·불만을 품게 되고, 그 순간부터 육체에서는 상당한 방전이 진행된다. 그 반면 현실에 대한 만족과 감사함을 느끼는 순간부터 육체는 놀라운 충전이 진행된다.

다섯째, 자신의 꿈과 목표가 이미 현실로 실현되어 있는 미래기억을 기반으로 현재에 대해 사고하는 생활 습관을 갖추어야 한다. 이러한 사고 습관 및 생활 습관은 꿈과 목표에 대한 집중력과 자신감 향상에 있어 매우 큰 도움이 된다. 사람들 대부분은 과거의 기억을 바탕으로 사고하는 방식으로 삶을 살아간다. 그러다 보니 전전두엽의 미래기억을 바탕으로 사고하며 살아가는 자체가 매우 생소할 것이다. 마치 희망찬 미래의 세상에서 타임머신을 타고 현재의 세상으로 와 있는 관점으로 삶을 살아간다고 상상하면 이해가 쉬울 것이다.

이처럼 현대인들에게 꼭 필요한 '심신통합 건강 수칙' 5가지를 살펴보았을 때, 첫 번째에서 세 번째까지의 수칙은 모두가 너무나 잘 알고 있는 개념이다. 하지만 알면서도 정작 현실 속에서 실천하기가 쉽지 않은 것 또한 현실이다. 그런데 네 번째와 다섯 번째의 수칙은 현차적 감사와 고차적 감사를 통해 삶에 대한 자신감과 꿈과 목표에 대한 확신을 증진하는 탁월한 효과가 있다. 이와 같은 '심신통합 건강 수칙'을 현대인들이 자신의 생활 문화로 자리하여 습관으로 실천한다면, 분명 누구나 활기·활력 속에 건강, 행복, 성숙, 성장, 성공이라는 다섯 마리의 토끼를 모두 잡으며 매우 윤택한 삶을 살아가게 될 것이다.

롤 모델을 정하고, 동기부여 유튜브와 책을 정하라

롤 모델을 정하고 동기를 부여해 줄 유튜브 채널과 책을 정하는 것은 자기 발전을 목표로 할 때 매우 유용한 전략이다. 이는 개인이 성장하기 위해 자신이 본받고 싶은 롤 모델을 설정하고, 동기부여를 받을 수 있는 자원을 선택하는 것이기 때문이다. 롤모델이란, 자신의 가치관, 삶의 목표와 방식 등에 영감을 주는 인물을 말한다. 이러한 롤 모델은 내가 나아가고자 하는 방향에 있어 구체적인 사례를 제공하며 길잡이 역할을 한다. 그들이 성공하기까지 겪었던 어려움, 극복 방법 등을 통해 나의 성장 경로를 그릴 수 있다. 또한, 롤 모델이 말하는 이야기와 그가 발현하는 성과는 자신에게 강력한 동기부여의 원천이 된다. 어려운 상황에서도 그들의 이야기를 통해 다시 열정을 찾고 계속 도전할 힘을 얻는다.

그럼 우선 먼저, 롤 모델을 정하는 부분에 대해서 조금 더 자세히 살펴보자. 롤 모델을 정하는 것은 자신의 성장 방향을 설정하고, 구체적인 목표를 세우는 데 있어 매우 큰 도움이 된다. 그처럼 중요한 자신의 롤 모델을 정하는 방법에 대해 살펴보면 다음과 같다.

첫째, 목표에 맞는 인물 선택 부분이다. 자신이 달성하고자 하는 목표와 관련된 인물을 선택하는 것이 중요하다. 예를 들어, 기업가가 되고 싶다면 일론 머스크(Elon Musk), 워런 버핏(Warren Buffett) 같은 성공한 기업가가 롤 모델이 될 수 있다.

둘째, 가치관과 철학이 맞는 인물 선택 부분이다. 그 인물이 가진 가치관과 철학이 본인의 신념과 맞아야 한다. 롤 모델은 단순한 성공뿐만 아니라 그 사람이 지닌 신념, 리더십, 인간관계, 사고방식에서도 영감을 줄 수 있어야 한다.

셋째, 현실적인 인물 선택 부분이다. 자신이 가까운 미래에 실현할 수 있는 롤 모델을 정하는 것도 매우 중요하다. 유명 인물이 아니더라도, 주변에 있는 선배나 멘토도 훌륭한 롤 모델이 될 수 있다.

다음은 동기를 부여해 줄 유튜브 채널을 정하는 부분이다. 유튜브는 동기부여를 제공하는 수많은 영상 콘텐츠가 있는 플랫폼이다. 자신이 찾는 목표와 관련된 채널을 선정하면 꾸준히 영감을 얻을 수 있다. 그러한 유튜브 채널을 선택하는 방법을 살펴보면 다음과 같다.

첫째, 전문성 부분이다. 해당 채널이 당신이 목표로 하는 분야에서 전문적 지식을 제공하는지 확인해야 한다. 예를 들어, 창업을 꿈꾸는 사람은 스타트업이나 성공한 기업가들의 경험담을 제공하는 채널이 유익하다.

둘째, 동기부여 콘텐츠 부분이다. 구체적으로 목표를 달성하는 방법을 제시하거나, 롤 모델의 인터뷰나 성공 사례를 다루는 채널이 좋다.

셋째, 흥미 유발 부분이다. 지식 전달 외에도 영상 콘텐츠가 재미있고 흥미를 유발하는지 살펴봐야 한다. 흥미로운 콘텐츠는 동기부여의 지속성을 높이는 데 도움을 준다.

추천 유튜브 채널에 대한 예를 들어보면, TED Talks 채널은 다양한 분야의 전문가들이 자신들의 경험과 생각을 나누는 강연, 창의성, 혁신, 동기부여를 위한 영상이 많다. 그리고 Jay Shetty 채널은 영적 성장을 중시하는 동기부여 영상으로 개인의 삶을 개선하고자 하는 사람들에게 인기가 많다. Tony Robbins 채널은 세계적인 동기부여 강사로, 자신의 잠재력을 극대화하고 성공적인 삶을 추구하는 다양한 주제를 다루고 있다. 끝으로 Impact Theory 채널은 다양한 성공 인물들을 인터뷰하여 그들의 사고방식, 성공 전략을 파헤쳐 소개한다. 그 외에도 국내의 관련된 채널도 너무나 다양하기에 손쉽게 선택할 수 있다.

다음은 동기를 부여해 줄 책을 정해보자. 책은 인생의 중요한 교훈을 배울 수 있는 강력한 도구이다. 동기부여가 되는 책을 선정하면, 자신이 처한 상황에서 영감을 받을 수 있다. 자기계발서는 물론이고, 롤 모델이 쓴 자서전이나 그들의 철학을 다룬 책도 좋은 선택이다. 이를 위해 책을 고르는 방법을 보면 다음과 같다.

첫째, 자기계발서이다. 명확한 목표 설정과 달성을 위한 실질적인 조언을 제공하는 책이 좋다. 성공, 리더십, 변화에 대한 자기계발서는 동기부여에 강력한 영향을 준다.

둘째, 롤 모델 자서전이다. 자신의 롤 모델이 쓴 자서전이나 그들의 이야기를 다룬 책을 읽으면, 그들이 성공에 이르기까지의 과정을 배울 수 있다.

셋째, 철학 및 인생관 관련 도서이다. 성공한 사람들의 사고방식과 인생철학을 배울 수 있는 책도 동기부여에 도움이 된다. 성공 철학에 관한 책은 자신만의 사고방식을 정립하는 데 많은 도움을 준다.

추천하는 도서로는 Stephen R. Covey의 《성공하는 사람들의 7가지 습관》이 성공적인 삶을 위한 핵심 습관을 다룬 자기계발서로서 삶의 목표를 명확하게 세우고 실천하는 데 큰 도움을 준다. Tim Ferriss의 《타이탄의 도구들》은 성공한 인물들이 자신의 목표를 달성하기 위해 사용하는 구체적인 방법과 사고방식을 소개한다. 그리고 Simon Sinek의 《나는 왜 이 일을 하는가?》도 리더십과 동기부여에 관한 내용을 다루며, 자신만의 목표와 이유를 찾는 데 도움을 준다. Robert G. Hagstrom의 《워런 버 핏처럼 투자하라》도 세계적인 투자자 워런 버핏의 투자 철학을 통해 목표 달성의 인내와 전략을 배울 수 있다. 또한, 《스티브 잡 스 자서전》 역시 애플의 창립자 스티브 잡스의 인생을 다룬 책으 로, 혁신과 창의성을 위한 사고방식을 배울 수 있다. 그 외에도 국내의 출판 도서 부분에서도 너무나 다양하기에 손쉽게 선택할 수 있다.

결론적으로, 자신의 롤 모델을 정하고, 또 그에 따른 동기도 부여해 줄 수 있는 유튜브 채널과 책을 선택하는 것은, 개인의 발전을 도모하는 데 있어 매우 효과적인 방법이다. 특히 롤 모델 을 통해 자신이 가야 할 길에 대한 명확한 비전을 세울 수 있기 에 그러한 롤 모델을 찾는 것은 너무나 중요하다. 그런 만큼 자 신 또한 누군가를 위해서 롤 모델이 되겠다는 명확한 뜻을 세우 고 있어야만 지속적인 성장 발전이 가능하다. 고로 자신도 마찬 가지로 롤 모델로서의 리더십을 갖추겠다는 뜻과 비전을 세우는 것이다.

데일 카네기는 일반적으로 리더십 파워에 대해서 5가지로 분 류하여 정의하였다.

첫째, '포지션 파워'이다. 말 그대로 어떤 직책을 맡고 있는 사람에게서 자연스럽게 나오는 영향력의 힘이다.

둘째, '전문성 파워'이다. 조직에서 그 방면에 가장 전문성을 가지고 있는 사람이 가장 해당 분야에서는 큰 목소리를 내며 영향력을 발현하기 마련이다.

셋째, '보상 파워'이다. 보상을 줄 수 있는 권한을 가지고 있는 사람에게서 발현되는 영향력의 힘이다.

넷째, '강제성 파워'이다. 보상 파워와 반대되는 벌과 패널티를 줄 수 있는 권한을 가진 사람에게서 발현되는 영향력의 힘이다.

다섯째, '롤 모델 파워'이다. 한 마디로, 그 사람이기 때문에 사람들이 말을 듣는 경우이다. 그 사람의 인격이라든가, 그 사람과의 관계라든가, 그 사람이 보여주는 신뢰라든가, 존경받을 만한 사람이라든가 등의 다양한 면에서 그 사람으로부터 발현되는 영향력을 말한다. 어떻게 보면 공식적인 지위가 아닐지 몰라도 '롤 모델 파워'가 가장 강력한 '리더십 파워'이다.

이처럼 자신의 롤 모델을 찾기 위한 인물, 유튜브 채널, 도서 등을 찾는다는 개념이 얼마나 중요한지에 대해서 자세히 알아보았다. 그런데 그것 못지않게 중요한 것은, 바로 '자기 자신이 누군가에게 롤 모델이 되고자 뜻을 세우는 마음의 선택' 부분이다. 그로 인해 자기 내면의 놀라운 잠재력을 발현할 수 있게 되기 때문이다.

'받겠다는 마인드'에서 '돕겠다는 마인드'로 사고를 전환하라

～～ **7** ～～

현대인들은 일상을 살아가면서 수많은 생각과 행동을 매 순간 선택하며 살아간다. 그러한 선택의 이면에는 항상 '받겠다는 마인드'와 '돕겠다는 마인드'가 함께 공존하고 있다. 그리고 자신이 선택하는 생각과 행동이 그 둘 중 어떠한 마인드에서 비롯된 것인지에 대해서는 별로 관심이 없다. 다만 어떠한 경우라도 항상 자신에게 도움이 되는 좋은 결과로 돌아오기만을 맹목적으로 기대하곤 한다. 하지만 '받겠다는 마인드'에서 비롯된 선택인지 아니면 '돕겠다는 마인드'에서 비롯된 선택인지에 따라서 그 결과는 항상 극과 극의 반대 결과가 나타나게 된다. 그 때문에 항상 자신이 매 순간 하는 생각과 선택이, '받겠다는 마인드'에서 비롯된 것인지 아니면 '돕겠다는 마인드'에서 비롯된 것인지를 의식하면서 매 순간 임하는 것이 참으로 중요하다.

그럼 먼저 '돕겠다는 마인드'에서 발현되는 잠재력에 관해 살펴보도록 하자. 자신 또는 타인을 돕고자 하는 마인드와 마음은, 개인 또는 공동체가 성장하는 데 있어서 매우 큰 영향력을 발휘한다. 아울러 내적인 잠재력을 극대화하는 데 있어서 매우 중요한 역할을 한다. 이러한 '돕겠다는 마인드'는 단순히 누군가에게 도움을 제공하는 행위를 넘어서, 인생을 살아가는 데 있어서 매우 중요한 삶의 철학이자 태도이다. 또한, 자신과 타인의 성숙과 성장을 동시에 돕는 강력한 도구이다. 이와 같은 '돕겠다는 마인드'가 왜 그토록 중요한지에 대해서 살펴보자.

첫째, '돕겠다는 마인드'는 이타심(Altruism)**과 공감**(Empathy)**에서 출발한다.** 이는 타인의 고통을 이해하고 그들의 필요를 진심으로 고려하며, 그들을 위해 행동하려는 마음가짐을 의미한다. 이러한 이타심과 공감은 인간관계를 강화하고, 상호 이해와 신뢰를 쌓는 데 핵심적인 역할을 한다. 또한, 그에 따른 이타적인 행동은 사람들 간의 유대감을 높이고, 사회적 결속을 강화하여 준다.

둘째, '돕겠다는 마인드'는 개인에게 내적 만족과 성취감을 향상해 준다. 이는 외부의 인정이나 보상을 넘어서, 자신의 행동이 다른 사람에게 긍정적인 영향을 미친다는 것에 대한 자부심과 기쁨을 가져다주기 때문이다. 이러한 이타적 행동을 하는 사람들은 더 높은 수준의 행복감과 만족감을 경험하게 되며, 이는 스트레스 감소와 정신적 건강 향상에도 큰 도움을 준다.

셋째, '돕겠다는 마인드'는 상호 호혜성과 연결의 힘을 강화한다. 이는 내가 누군가를 돕고, 그들이 또 다른 사람을 돕는 연쇄 반응을 일으켜서 사회적 지원 네트워크를 강화한다. 이처럼 상호 호혜적 관계는 위기 상황에서의 지원과 협력을 증진하고, 공동체 전체의 회복 탄력성을 높이는 데 큰 도움이 된다.

다음은 '돕겠다는 마인드'에서 비롯되는 잠재력 발현 부분에 대해서 상세히 살펴보자.

첫째, 돕겠다는 마인드는, 자신의 능력과 가치에 대한 인식을 강화하고, 심리적 탄력성을 키워준다. 이는 어려운 상황에서도 긍정적인 태도로 대처할 수 있는 능력을 의미한다. 이와 같은 행위는 자신의 문제를 객관적으로 바라보고, 스트레스를 줄이며, 회복력과 문제 해결 능력을 높여 준다.

둘째, 돕겠다는 마인드는, 정서적 지능, 특히 공감 능력을 강화한다. 이는 타인의 감정을 이해하고 적절하게 반응하는 능력으로, 리더십과 대인관계에서 중요한 요소이다. 정서적 지능이 높은 사람은 갈등 상황에서 더 나은 조정자 역할을 하고, 더 효과적인 의사소통을 통해 긍정적인 관계를 유지할 수 있다.

셋째, 돕겠다는 마인드는, 타인을 돕는 과정에서 자신의 능력과 가치를 재확인하게 된다. 이는 자신이 다른 사람에게 긍정적인 영향을 미칠 수 있다는 믿음을 강화하고, 자기 효능감을 높여준다. 또한, 자존감을 향상시키고, 더 큰 도전과 목표를 향해 나아갈 수 있는 자신감을 높여 준다.

넷째, 돕겠다는 마인드는, 타인의 문제를 해결하거나 그들의 필요를 충족시키는 과정에서, 창의적인 사고와 문제 해결 능력이 강화한다. 이는 다양한 상황에서 유연하게 사고하고, 새로운 접근 방식을 모색하게 만든다. 창의성은 협력적 환경에서 더욱 발현되며, 서로 다른 관점을 가진 사람들과의 상호작용을 통해 문제에 대한 다각적 접근을 가능하게 한다.

다섯째, 돕겠다는 마인드는, 리더십 발휘와 영향력 확대에 큰 도움을 준다. 사람들은 자신을 진정으로 도와주고 관심 가져 주는 사람에게 자연스럽게 호감을 느끼고 신뢰를 쌓게 된다. 이는 자연스럽게 더 큰 영향력을 행사할 수 있도록 기회를 제공하며, 협력과 조정이 중요한 상황에서 리더십을 발휘할 수 있는 토대를 마련해 준다.

여섯째, 돕겠다는 마인드는, 개인의 성장뿐 아니라 공동체의 성장을 촉진한다. 사람들은 서로를 돕는 과정에서 신뢰와 유대감을 형성하고, 더 강한 커뮤니티를 구축할 수 있다. 이러한 커뮤니티는 사회적 자본(social capital)을 증진시키고, 위기 상황에서 더 효과적으로 대응할 수 있는 능력을 갖추게 한다.

이러한 '돕겠다는 마인드'를 토대로 아주 재미있는 실험이 진행되었다. 일명 '핑거 리프팅 챌린지(Finger Lifting Challenge)'라고 불리는 실험이다. 그건 바로 [그림 1]과 같이 평범한 여성 4명이 약 80kg 정도 되는 건강한 체구의 남성을 앉혀 놓고, 남성의 양쪽 겨드랑이와 무릎에 여성들의 양쪽 검지손가락만 넣어서 남성을 번쩍 들어 올리게 하는 실험이다.

보통 일반적인 상태에서는 아무리 시도를 해도 실험 참가 여성 4명은 남성을 전혀 들지 못한다. 하지만 "돕겠다."라는 말을 몇 번 말하고 시도하였더니 실험 여성 4명은 남성을 아주 가볍게 번쩍 들어 올린다. 그런데 이후 곧이어 즉시 "받겠다."라는 말을 몇 번 되풀이하고 들기를 시도하였더니 또, 다시 참가자들은 남성을 전혀 들지 못한다.

[그림 1] 돕고자 하는 사고회로에서 핑커 리프팅 실험

이 실험에서 주목할 점 중 하나는, 바로 참가 여성들이 남성을 들어 올리는 경우는, 참가자들이 체감하는 남성에 대한 무게감은 너무나 가볍다는 점이다. 반면 못 들어 올리는 경우는, 참가자들 전원이 체감하는 남성에 대한 무게감은 너무나 크다는 공

통점이 있다. 그렇다면 왜 이와 같은 결과 차이가 실험에서 나타나는 것일까?

이러한 실험을 통해 우리가 알 수 있는 사실은 바로, 우리의 뇌가 '받겠다는 사고'일 때보다 '돕겠다는 사고'일 때 매우 놀라운 잠재적 기능을 발현한다는 점이다. '돕겠다는 사고'에서는 온몸으로 강력한 활기·활력이 발현된다는 것을 알 수 있다. 이것이 바로 우리가 '받겠다는 사고'가 아닌 '돕겠다는 사고'로 반드시 사고를 전환해야 하는 이유를 말해주고 있다. 현대인들 대부분은 '받겠다는 사고'가 자신에게 이득이 될 것이라는 착각의 인식이 사회로부터 학습되어 있다. 그러다 보니 '받겠다는 사고'에 부합되지 않는 상황을 맞이하게 되면 상실감과 슬픔, 아쉬움과 서운함, 두려움과 분노, 좌절과 절망 등 다양한 부정적 생각과 감정에 휩쓸리게 되는 것이다. 이처럼 우리가 느끼는 부정적 감정의 대부분은 바로 '받겠다는 사고'에서 비롯된 욕구 불만이 원인이다. 즉, '받겠다는 사고'에서는 의식과 감정이 평화롭지 못할 뿐 아니라, 행복과 기쁨도 지극히 조건적이고 제한적이다. 반면 '돕겠다는 사고'에서는 평화롭고 에너지가 충만한 상태가 된다.

이러한 이치 속에서 현대인들이 반드시 기억해야 하는 사항이 바로, '돕겠다는 사고'가 유지되기 위해서는 '육체적 에너지 충전'이 필수라는 점이다. 이것이 바로 우리가 육체적 에너지 충전을 철저히 실천해야 하는 이유이다.

그와 함께 '돕겠다는 사고'에서 가장 중요한 개념이, 바로 '나는 나를 돕는다.'라는 개념이다. 즉, 하늘은 스스로 돕는 자를 돕는 법이다. 이같이 '돕겠다는 마인드'에서 발현되는 잠재력은 개인과 공동체의 성장, 회복 탄력성 강화, 정서적 지능 향상, 자존감 증대, 창의성과 문제 해결 능력 촉진 등의 다양한 차원에서 매우 큰 영향을 미친다.

이처럼 돕겠다는 마인드는 그저 단순한 행위가 아니라 삶의 철학이자 태도로서, 이를 통해 자신과 타인의 삶에 매우 긍정적인 변화를 만들어낸다. 따라서 '돕겠다는 마인드'에서 발현되는 잠재력은 개인 자신과 사회 전체를 더욱 발전시키고 풍요롭게 하는 원동력이 되는 것이다.

매일 비전 노트를 작성하라

8

    비전 노트는 자신의 꿈과 목표, 비전 등 미래에 꼭 이루고 싶은 내용을 구체적으로 기록하는 노트이다. 매일 비전 노트를 작성하는 습관은 자신의 비전을 명확히 하고, 목표를 구체화하며, 매일의 동기부여와 성취감을 높이는 데 중요한 역할을 한다. 이 습관은 성공적인 삶을 설계하는 데 필수적인 도구로 사용될 수 있다.

    이러한 비전 노트를 작성하는 데 있어서 핵심적인 요소를 살펴보면 다음과 같다.

    첫째, 목표와 비전에 관한 내용을 명확히 하는 부분이다. 꿈과 비전은 장기적인 목표를 의미한다. '10년 후 나는 어떤 모습일까?', '5년 후에 내가 이루고 싶은 비전은 무엇인가?' 등의 질문과 같이 자신의 비전에 대해 구체적으로 작성해 본다. 또한, 구체적이고 달성 가능한 작은 목표들로 내용을 작성한다. 예를 들어, 직업적 성공을 이루고자 한다면 그 안에 필요한 단계별 목표 등을 명확히 작성한다.

둘째, 매일 비전 노트를 작성하는 것에 대한 중요성 부분이다. 매일 자신의 비전을 기록함으로써 목표를 떠올리고, 이를 실천하기 위한 동기부여가 된다. 매일 작성하는 습관은 자신의 꿈에 대한 책임감을 높이고, 비전 실현에 한 걸음 더 가까워지게 만든다. 또한, 비전에 대한 집중력을 향상하여 일상의 분주함 속에서 자신의 우선순위를 다시 점검하고, 중요한 일에 집중하도록 돕는다. 끝으로 비전 노트를 통해 목표를 점검하고 달성하는 과정에서 발생하는 변화나 진전을 기록할 수 있다. 이를 통해 자신이 어디쯤 왔는지 확인하고, 목표 달성에 필요한 조정도 스스로 가능해진다.

셋째, 비전 노트를 작성하는 방법 부분이다. 먼저 하루 동안의 감정, 영감을 주었던 일, 혹은 특별한 동기부여를 기록한다. 이는 하루하루 비전 실현을 향한 에너지를 지속하는 데 도움이 된다. 그리고 장기적인 비전뿐만 아니라, 그 비전을 이루기 위해 당일 혹은 그 주에 실천해야 할 구체적인 행동 계획을 작성한다. 하루의 계획을 세분화해 작은 목표를 달성할 때마다 성취감을 느낄 수 있다. 또한, 매일 비전 노트에 미래의 자기의 모습을 구체적으로 상상하며 기록한다. 예를 들어, 1년 후 또는 5년 후에 이루고 싶은 목표를 달성한 자신을 생생하게 그리며 적는다. 끝으로 자신의 비전을 반드시 달성할 수 있다는 확신을 글로 표현하도록 한다. "나는 반드시 성공한다.", "나의 목표는 반드시 실현될 것이다." 등과 같은 긍정적 선언을 매일 적어 자신에게 확신을 주는 것도 매우 도움이 된다.

넷째, 비전 노트의 구성 요소 부분이다. 먼저 그날 이루고자 하는 구체적인 목표를 적는다. 작은 목표라도 괜찮다. 매일의 작은 목표들이 모여 큰 비전을 이루는 기초가 되기 때문이다. 다음은 그날의 감사했던 일들을 적는다. 감사하는 마음은 긍정적인 에너지를 유지하는 데 도움이 되며, 자신감을 증진시킨다. 또한, 그날 하루를 돌아보며 자신이 잘한 점, 부족한 점, 개선이 필요한 부분을 기록한다. 성찰을 통해 꾸준히 자신의 행동을 점검하고, 더 나은 방향으로 나아갈 수 있기 때문이다.

다섯째, 매일 비전 노트를 작성하는 습관의 장점 부분이다. 꾸준한 기록과 성찰을 통해 목표 달성 속도가 빨라진다. 계획을 수립하고 성과에 대해 지속해서 점검하기 때문에, 목표 실현에 대한 가능성이 커진다. 또한, 비전 노트를 작성하는 과정은 자기 자신을 깊이 이해하고 성장하는 기회가 된다. 자신의 강점과 약점을 파악하고, 개선해 나가는 과정에서 지속적인 발전이 이루어지는 것이다. 끝으로 매일 작성하는 기록을 통해 비전과 목표 달성에 가까워지는 과정을 확인할 수 있으며, 이는 자신의 능력에 대한 믿음과 자신감을 더욱 높여준다.

이러한 비전 노트를 꾸준히 작성하면, 미래의 자신을 명확하게 그릴 수 있고, 목표에 집중해 나아가는 과정에서 자신감도 얻게 된다. 또한, 끝없는 열정과 도전 정신을 샘솟게 만들고, 성취욕을 높여 꿈과 목표를 현실화시키는 데 있어 강력한 도구가 된다.

이처럼 비전 노트의 가장 큰 장점은, 자신의 꿈과 목표가 실제로 현실에서 일어나고 있는 것처럼 생생하고 명확하게 이미지화를 시켜준다. 즉, 꿈이 이루어졌을 때의 흥분된 감정을 유지시켜 주고, 그에 대해 지속해서 집중하는 사람으로 자연스럽게 변화시켜 준다.

이러한 비전 노트는 꿈과 목표를 잘 실현하는 사람들에게는 공통적으로 활용되고 있다. 그들은 비전 노트 활용을 통해 머릿속에 그리는 이미지와 감정을 스스로 조절하여, 비전을 적극적으로 실천하는 데 중요한 수단으로 활용하는 습관을 갖추고 있다. 그것이 바로 그들을 성공으로 이르게 하는 원동력이다.

생각을 현실화시켜 반드시 꿈을 이루는 사람은 생각의 질이 높고 양이 큰 사람이다. 그처럼 생각의 질을 높이고 양을 키우려면, 그저 막연한 바람이 아닌 생각만으로도 가슴 뛰고 흥분되는 명확한 꿈과 목표를 가져야 한다. 그리고 중도에 포기하지 않고 꿈과 목표를 지속해서 반복적으로 생각해야 한다. 비전 노트는 바로 그러한 부분에 있어서 너무나 중요한 수단이 된다. 꿈과 목표를 이루지 못하는 사람들의 공통적인 특징은, 바쁜 일상의 크고 작은 일들로 인해 미래에 대한 꿈과 목표에 집중하지 못하고 현실에 빠져서 허덕이며 시간을 보내면서 정작 자신은 최선을 다해 열심히 하고 있기에 언젠가는 꼭 꿈과 목표가 실현될 것이라고 막연히 기대한다. 하지만 꿈과 목표를 이루는 데 있어서 가장 중요한 것은 꿈을 향한 두근거리는 가슴을 유지할 수 있는 환경과 시간을 갖는 것이다. 그건 바로 때와 장소를 가리지 않고 자연스레 자신의 꿈과 목표를 떠올리는 실천을 습관화하는 것이다. 비전 노트는 바로 이러한 부분에 있어서 너무나 소중한 동반자가 된다.

이처럼 비전 노트를 활용하여 꿈과 목표에 집중하는 습관에 있어서 꼭 알아야 할 과학적인 법칙 중 하나는, 바로 "존재하는 모든 것은 에너지"라는 사실이다. 알베르트 아인슈타인이 발견한 수많은 과학적 진리를 한마디로 요약하면 바로 "모든 것은 에너지"라는 것이다. 그것은 사물과 에너지 사이에는 구분의 경계가 없으며, 물리적인 세상과 정신적인 세상 사이에도 사실상 경계가 없다는 것을 뜻한다.

아인슈타인을 비롯한 물리학자들은 에너지 차원의 그 이면에는 '정보의 장'이 존재함을 말한다. 다시 말해, 에너지장으로 가득 채워진 우주의 공간에는 에너지장보다 더 원천적 바탕인 '정보의 장'이 존재한다는 것이다.

그 때문에 생각이 물리적인 세상을 포함한 모든 것을 창조하는 것이다. 즉, 물리적인 세상에 존재하는 모든 것은 원자로 만들어졌으며, 원자는 에너지로 만들어졌고, 에너지는 바로 의식으로 만들어졌다. 그래서 생각은 모든 것이 비롯되는 원천인 것이다. 고로 생각은 물질이자, 물질을 '창조'하기도 한다.

그러므로 비전 노트는 바로 나의 꿈과 목표라는 정보를 글과 그림으로 담아서 집중하게 하고 그것을 현실로 실현하게 하는 데 있어 너무나 중요하고 소중한 도구에 해당하는 것이다.

타임리밋을 정하고
즉시 실행하라

9

　자신이 계획하고 있는 것에 대해서 타임리밋(Time-Limit)을 정하고 즉시 실행하는 습관은 목표 설정, 시간 관리, 생산성 향상 등에 있어서 매우 중요한 전략이다. 이러한 전략은 주어진 과제를 제한된 시간 안에 완료하도록 스스로에게 마감 시간을 설정하는 방식이다. 이를 통해 시간 낭비를 줄이고, 해야 할 일을 더 집중적으로 처리할 수 있다. 이러한 방법의 장점이 어떻게 적용되는지에 대해서 자세히 살펴보도록 하자.

　첫째, 목표의 명확성 부분이다. 주어진 특정 과제가 얼마나 걸릴지에 대해 예측을 하고, 그에 따른 목표를 명확히 설정한 후 그 목표를 일정 시간 내에 이루도록 집중하는 것이 중요하다. 예를 들어, "30분 내 보고서의 첫 번째 초안을 작성한다." 등이 그러하다.

둘째, 시간의 제한을 통해 집중력을 향상하는 부분이다. 타임리밋을 설정하면 작업을 효율적으로 처리하기 위한 동기부여가 된다. 시간에 대한 제한이 없으면 더 많은 시간을 낭비할 수 있지만, 제한된 시간이 있으면 더욱 높은 집중력을 발현할 수 있다.

셋째, 작업의 긴급성 부여 부분이다. 제한된 시간 안에 일을 끝내야 한다는 인식을 가지면 마치 시험 시간과 같은 긴박함이 생긴다. 이는 게으름이나 미루는 습관을 방지하는 데 도움이 된다. 예를 들어, "15분 안에 이메일 답변을 마쳐야 한다." 등이 그러하다.

넷째, 즉시 실행에 대한 중요성 부분이다. 작업을 미루지 않고 즉시 시작하는 습관은 무척 중요하다. 타임리밋을 설정한 후에도 시작을 미루면 결국 시간이 부족하게 된다. 예를 들어, "지금 바로 작업을 시작하여 45분 동안 집중한다." 등이 그러하다.

다섯째, 효과적인 피드백 및 개선 부분이다. 시간을 설정한 후, 실제 완료 시간을 체크하는 것도 중요하다. 과제마다 설정한 시간과 실제 완료 시간을 비교하면서 자신의 작업 효율성을 분석하고 개선할 수 있다.

여섯째, 타이머 및 도구 사용 부분이다. 스마트폰 타이머나 특정 앱을 사용해 시간을 측정하고 관리하는 것도 좋은 방법이다. 대표적인 예로 '포모도로 기법'이 있다. 이는 25분 작업, 5분

휴식의 패턴을 반복하며 집중도를 향상하는 방식이다.

이처럼 타임리밋을 설정하면 과제의 효율성을 높이고 집중력을 극대화할 수 있다. 시간을 설정한 후, 즉시 실행하는 것이 중요하며, 미루는 습관을 방지하는 데 효과적이다. 이 전략을 일상 업무나 학습에 적용하면 목표의 달성 속도와 질을 높이는 데 매우 큰 도움이 된다.

우리는 누구나 시간과 공간 그리고 차원의 제약을 받으며 살아간다. 그리고 각자의 꿈과 목표를 실현하기 위해 노력하며 현실을 살아간다. 그러한 과정에서 사람들은 정해진 기한 안에 선택한 목표를 완수하기 위해 육체적·심리적 압박을 받는다. 이럴 때, 타임리밋을 잘 조절하고 다스리면 그에 대한 압박감을 극복하고 나아가 긍정적인 결과를 감동과 함께 창조할 수 있다.

다음은 시간적 압박과 창의적 사고와의 상호 관계성에 대해 한번 살펴보자.

제한된 시간은 뇌에 인지적 스트레스(Cognitive Stress)를 유발한다. 이 스트레스는 문제 해결 능력과 신속한 의사결정 능력을 촉진한다. 이러한 과정을 통해 우리의 뇌는 제한된 시간 안에서 창의적인 아이디어를 도출하기 위해, 기존에 알고 있던 정보를 빠르게 분석하고, 서로 연관되지 않은 개념을 결합하여 새로운 아이디어를 생성한다. 이러한 뇌의 연상 네트워크(Associative Network)가 활성화됨으로 인해 창조력이 발현되는 것이다.

또한, 적정 스트레스가 작용하면, 도파민(Dopamine)의 분비가 활성화되어 뇌의 보상 시스템이 자극됨으로 인해, 창의적 사고와 문제 해결, 새로운 아이디어를 찾고 시도하는 등의 상태가 발현된다. 이처럼 타임리밋 라인은 적절한 긴장감과 함께 도파민 수치를 최적화하여 창조력의 발현을 극대화하여 준다.

제한된 시간 내에서 창의성을 발현하기 위해서는 고도의 집중력이 필요하다. 이 과정에서 전두엽(Frontal Lobe)이 주도적으로 관여하며, 주의 집중, 계획, 문제 해결 능력을 조절하는 중요한 기능이 향상된다. 또한, 제한된 시간의 상황 속에서 다양한 아이디어를 빠르게 탐색하고 결합할 수 있게 된다. 타임리밋 라인이 설정되면, 뇌는 산만함을 줄이고 필요한 작업에 집중하게 되어 더욱 효율적인 창의적 사고가 가능해진다.

타임리밋이 설정되면 제한된 시간 내에서 결과를 내야 하는 압박감이 기존의 안전한 선택보다 새로운 시도를 하도록 만든다. 이때 뇌는 가능한 해결책을 빠르게 찾고, 기존의 틀에 얽매이지 않는 새로운 접근법을 찾고자 집중한다. 이처럼 적절한 시간 압박은 집중력과 문제 해결 능력을 극대화하고, 기존의 사고 패턴에서 벗어나 새로운 아이디어를 탐색하도록 자극한다. 이러한 과정은 뇌의 인지적 유연성, 도파민 시스템의 활성화 그리고 유동 상태의 경험을 통한 창의적 사고와 혁신적인 아이디어 도출이 가능하도록 만든다.

끝으로 타임리밋 라인(Time-Limit Line)을 잘 활용하여 창조력 발현을 극대화하는 방법 한 가지를 소개하고자 한다. 그것은 바로 타임리밋 라인 조절을 통해 제한된 시간 내에 창의적인 결과를 도출하는 창조력 발현 능력을 길러주는 것이다. 이를 통해 뇌의 인지적 부담, 스트레스 반응, 그리고 집중력 발현 등의 조화로운 균형이 실현된다.

우리가 목표를 이루기 위해 설정한 기한 중에 중간 시점을 기준으로 그 앞의 시기를 타임리밋 전반기, 뒤를 타임리밋 후반기라고 한다. 일을 성공적으로 수행하기 위해서는 노력과 에너지를 타임리밋 전반기에 집중하여 쏟는 것이 효율적이다. 뇌는 본능적으로 타임리밋 전반기에는 어떠한 압박을 받아도 스트레스라고 인식하지 않기 때문이다. 이것이 바로 시간이라는 법칙이 우리에게 작용하는 방식이며, 우리가 매사에 해야 할 일을 뒤로 미루지 말아야 하는 이유다.

타임리밋 전반기와 타임리밋 후반기에 똑같은 노력과 에너지를 쏟을 경우, 타임리밋 전반기에는 진행 과정에서 힘이 들고 스트레스를 받아도 뇌에서 그것을 감동과 자긍심으로 승화하는 것이 가능하다. 하지만, 타임리밋 후반기에 들어서는 순간부터 뇌는 그 모든 것에 대해 압박감과 스트레스로 인식하게 된다.

따라서 타임리밋 라인에 대한 뇌과학적 작용 원리를 잘 알고, 스스로 목표하고 계획한 것을 타임리밋 전반기에 쏟아부으며 노력하는 라이프 스타일을 통해 항상 여유와 창조력을 발현하는 삶을 실현해야 한다.

> ## 생각과 감정과 육체의
> ## 주인이 되어라

$$\sim\!\!\sim 10 \sim\!\!\sim$$

자신이 스스로 생각과 감정과 육체의 주인이라는 개념은 자신에 대한 정체성 구축은 물론이고, 아울러 자기를 스스로 깊이 이해하고 통제하는 능력 개발의 초석이 된다. 이는 개인의 자아실현과 삶의 질을 향상하는 데 있어 매우 중요한 요건이다. 이러한 정체성을 스스로 회복하고 구축해야 하는 것에 대한 중요성과 더불어 그에 따른 실천 방법을 살펴보면 다음과 같다.

첫째, 자기의 생각과 감정과 행동에 대해 스스로 명확하게 인식하는 것이 중요하다. 이를 통해 현재 자신이 어디에 있는지, 무엇이 자신의 삶을 주도하는지 스스로 이해할 수 있다. 또한, 자신의 감정을 숨기거나 무시하지 않고, 자신의 감정을 있는 그대로 받아들이고 이해하는 태도가 중요하다. 그러기 위해서 자신의 감정이 무엇에서 비롯되었는지, 어떻게 반응하고 있는지를 파악하는 노력이 매우 중요하다. 그와 함께 자기의 생각을 관찰하고, 긍정적 사고와 부정적 사고 작용에 대한 차이도 인식하면서, 자기의 생각이 어떻게 감정과 행동에 영향을 미치는지 이해하는 것이 중요하다.

둘째, 자신의 단점과 약점뿐만 아니라 강점과 장점 등을 모두 받아들이는 자세가 중요하다. 진정한 자기 수용이란, 자기 비판을 넘어서 자신을 있는 그대로 사랑하고 받아들이는 것까지를 모두 포함한 것을 의미한다. 또한, 실수나 실패를 했을 때 자기 자신에게 동정심을 갖고 부드럽게 대하는 태도 역시 매우 필요하다. 그러므로 인해 자기 존중감을 높이고, 더 나은 방향으로 나아가는 데 있어 스스로 큰 힘을 주기 때문이다.

셋째, 외부의 정보나 사회적 압력에 휩쓸리지 않고, 스스로 판단하고 결정할 수 있는 비판적 사고력이 중요하다. 또한, 긍정적인 생각과 태도를 유지하기 위한 의도적 노력 역시 꼭 필요하다. 이는 스트레스 상황에서도 자신을 지키고 성장하는 힘을 제공한다. 끝으로 명상, 호흡 조절, 심리적 훈련 등을 통해 현재에 집중하고, 분산된 생각을 정리하고 집중하는 능력 강화도 필수이다.

넷째, 자신의 감정을 억누르거나 폭발시키지 않고, 건강하게 표현하고 관리할 수 있는 기술이 중요하다. 이를 위해 명상, 일기 쓰기, 감정 조절 기법 등이 도움이 된다. 또한, 감정에

휘둘리지 않고, 감정과 행동을 분리하여 합리적으로 결정하는 능력을 기르는 것 역시 꼭 필요하다. 그와 함께 다른 사람의 감정을 이해하고 공감할 수 있는 능력은, 자신과 타인과의 관계를 더 깊고 의미 있게 만들며, 아울러 자기 자신을 더 이해하는 데도 중요한 도움이 된다.

다섯째, 자신의 육체를 이해하고 건강한 생활 습관을 유지하는 것은 너무나 기본적으로 중요하다. 이를 위해 규칙적인 운동, 균형 잡힌 식단, 충분한 휴식 등이 필수이다. 또한, 자신의 신체적 상태와 필요한 것들에 대해 잘 이해하고, 이를 기반으로 건강을 유지하고 개선하는 것이 필수이다. 왜냐하면, 육체에 대한 자기 인식력은 정신적, 감정적 건강과도 깊은 연관이 있기 때문이다. 끝으로 요가, 충전 체조, 호흡 수련, 명상 등의 신체적 활동은 육체와 정신의 균형과 조화를 이루는 데 있어 매우 큰 도움이 된다. 이는 정신적 명료성과 감정적 안정성을 높이는 데 있어서 큰 도움을 주기 때문이다.

여섯째, 자기 삶의 방향성을 정하고, 구체적인 목표를 설정하고 달성하기 위하여, 자기 규율을 스스로 강화하는 것은 너무나 중요한 요소이다. 그러한 규칙을 습관화하여 실천함으로써 자기 통제력을 강화하게 된다. 예를 들어, 아침 루틴, 정기적인 운동, 일정한 시간에 일어나기 등은 자기 통제력 강화에 중요한 초석이 된다. 끝으로 순간의 유혹이나 충동에 대처하는 능력을 기르는 것 역시 매우 중요한 요건이다. 이는 장기적인 목표를 이루기 위한 중요한 자질에 해당한다.

일곱째, 명상, 기도, 철학적 성찰 등을 통해 내면의 평화를 찾고 자신과 더 깊은 연결을 맺는 것은 참으로 중요하다. 그리하여 자신만의 가치관과 삶의 목적을 스스로 확고히 하고, 그에 따른 삶의 목표도 명확히 하여 집중력 있는 삶을 살아가게 한다. 이는 정체성을 더욱 명확히 하고, 삶에 대한 큰 만족감을 안겨준다.

여덟째, 꾸준한 자기반성을 통해 자기의 생각과 행동을 평가하고, 개선할 점을 찾아서 개선하며 변화하는 노력이 중요하다. 그처럼 끝없이 학습과 성장을 추구하는 삶의 자세는, 자신을 발전시키고, 더 나은 사람으로 발전하게 한다.

이처럼, 자신이 스스로 생각과 감정과 육체의 주인이라는 정체성 구축은, 삶의 전반적인 부분에 걸쳐 지속해서 이루어져야 하는 과정이다. 이를 통해 자신을 더욱 이해하게 되며, 그로 인해 매 순간 더 나은 선택을 통해 더더욱 충만한 삶을 살아갈 수 있게 된다.

조용히 눈을 감고 자신에게 질문을 던져 보라. "나는 누구인가?" 그런 후 다음의 세 가지 질문을 자신에게 던져 보라.

"나의 생각은 나인가? 아니면 나의 것인가?"
"나의 감정은 나인가? 아니면 나의 것인가?"
"나의 육체는 나인가? 아니면 나의 것인가?"

사람은 하루에도 약 7만에서 12만 가지의 생각을 하며 삶을 살아간다고 뇌과학에서는 말하고 있다. 그만큼 우리는 매일 수많은 생각을 하며 살아가고 있다. 그러한 수많은 생각은, 자신이 태어나기 이전부터 이미 유전자 속에 가지고 태어난 '선천적 정보'와 태어난 이후 삶 속에서 경험을 통해 학습된 '후천적 정보'가 복합적으로 구성되어 있다. 따라서 우리는 선천적 정보들과 후천적 정보들이 융합된 정보 체계를 기반으로 매 순간 새롭게 경험하는 정보들을 흡수하고 그것을 융합하며 살아가는 것이다.

그런데 현대인들의 상당수는 "수많은 정보와 그로 인한 생각들이 나인가? 아니면 나의 것인가?"라는 질문 앞에서, "나의 생각은 나 자신이 아니라 나의 것이다.", "고로 나는 내 생각의 주인이다."라는 답변을 선뜻 하지 못한다. 그뿐 아니라, "나의 감정은 내가 아니라 나의 것이다.", "고로 나는 나의 감정의 주인이다."라는 개념과 "나의 육체는 내가 아니라 나의 것이다.", "고로 나는 나의 육체의 주인이다."라는 부분에 대해서도 마찬가지이다. 그 이유는 평소에 그러한 부분에 대해 생각을 해본 적이 없기 때문이다. 우리가 평소에 느끼는 감정은, 생각과 생각 사이에서 상호작용으로 일어나는 스파크 현상과 같은 것이다. 그리고 육체는 그러한 감정의 상태가 온전히 표현되는 수단이다. 이처럼, 이제는 스스로가 자기의 생각과 감정과 육체의 주인임을 자각하고, 그에 대한 정체성을 회복한 후 주인의식과 책임감 속에서 삶을 운영해야 할 때이다.

심화편

> # 사고 운영체계를
> # 세팅하고 운영하라

~~~ **1** ~~~

사고 운영체계(Thinking Operating System)는, 살아가면서 생각하고 의사를 결정하며 문제를 해결하는 과정을 통해 삶의 목적과 목표를 달성하기 위한 사고체계를 말한다. 이는 고차적이고 지혜로운 사고를 통해 삶 속에서 당면하는 문제들을 조화롭고 체계적으로 풀어나가면서 그 과정에서 관련된 사람들이 성숙하고 성장하도록 돕는다.

〈자기경영 헬스케어〉에서는 '사고 운영체계'가 존재하며, 그러한 사고 운영체계는 〈현차적 사고 운영체계〉와 〈고차적 사고 운영체계〉로 구분되어 있다. 그중 〈현차적 사고 운영체계〉는 현차적 현실에 대한 중요함, 소중함, 감사함, 행복함을 인식하며 정신 에너지를 충전하는 사고 운영체계이다. 반면 〈고차적 사고 운영체계〉는 자신의 꿈과 목표가 이미 현실로 실현되어 있는 고차적 현실에 대한 감사함과 행복함을 인식하며 꿈과 목표 실현을 위한 정신 에너지를 충전하는 사고 운영체계이다. 이러한 사고 운영체계는 다시 총 12단계의 과정을 통해 단계적인 정신 에너지 충전이 가능하도록 안내되어 있다.

> **1단계,** 삶의 목적 구축
>
> **2단계,** 삶의 목표 구축
>
> **3단계,** 홍익 이념 구축 (돕겠다는 마인드)
>
> **4단계,** 원하는 상황을 실현할 수 있는 원하는 상태 구축
>
> **5단계,** 참된 경제를 경영하는 경제인 리더십 구축
>
> **6단계,** 생각과 감정과 육체의 주인으로서의 정체성 구축
>
> **7단계,** 미래를 창조하는 고차적 사고체계 구축
>
> **8단계,** 고차적 대인관계 기술 구축(갑과 을의 인간관계 법칙)
>
> **9단계,** 인사(人事)를 통한 대인관계 기술 구축
>
> **10단계,** 감사 에너지 충전을 통한 꿈과 목표 실현 기술 구축
>
> **11단계,** 우주의 인플레이션에 입각한 심신통합 충전기술 구축
>
> **12단계,** 우주의 창조 근원과 합일되는 의식통합 기술 구축

그중 **1단계** 〈삶의 목적 구축〉 단계는, 삶의 목적이 '상태의

성숙과 성장'임을 명확히 알고, 삶에 대한 정체성을 회복하여 삶의 매 순간을 중요하고 소중하고 감사하고 행복하게 임하도록 삶의 이념을 구축하는 사고 운영단계이다.

2단계 〈삶의 목표 구축〉 단계는, 삶의 목표 자체가 삶의 목적이 아니라 삶에 있어 중요한 수단임을 알고, 삶의 목표를 명확히 하고 집중하는 사고 운영단계이다.

3단계 〈홍익 이념 구축〉 단계는, '돕겠다는 마인드'가 '받겠다는 마인드'에 비해 탁월한 유익함이 있음에 대한 원리와 법칙을 이해하고, '하늘은 스스로 돕는 자를 돕는다'라는 진리를 몸소 실천하는 사고 운영단계이다.

4단계 〈원하는 상황을 성취할 수 있는 원하는 상태 구축〉 단계는, 자신이 원하는 꿈과 목표를 실현할 수 있는 상태를 스스로 갖추어서 생산력과 창조력을 발현하는 사고 운영단계이다.

5단계 〈참된 경제를 경영하는 경제인 리더십 구축〉 단계는, 오직 돈만을 추구하는 '장사꾼 마인드'의 문제점과 한계를 명확히 인지하고, 사람의 성숙과 성장을 도우며 경제(사람+영향력+돈)를 추구하는 '경제인 마인드'를 갖추어 참된 '경제인 리더십'을 추구하는 사고 운영단계이다.

6단계 〈생각과 감정과 육체의 주인으로서 정체성 구축〉 단계는, 스스로가 자기의 생각과 감정과 육체의 주인임을 자각하고, 주도적으로 자기의 생각과 감정과 육체를 관리하고 실천하는 사고 운영단계이다.

7단계 〈미래를 창조하는 고차적 사고체계 구축〉 단계는, 자신의 꿈과 목표가 이미 현실로 실현되어 있는 미래기억에 대한 사고체계를 구축하고, 생각하는 모든 사고의 기반이 확고한 미래기억으로부터 시작되는 고차적 사고체계로 구축하는 사고 운영단계이다. 그로 인해 희망찬 미래기억의 확신 속에서 놀라운 생산력과 창조력을 발현할 수 있다.

8단계 〈고차적 대인관계 기술 구축〉 단계는, 삶 속에서 누군가에게 도움 주는 '갑'의 입장일 경우와 도움을 받는 '을'의 입장일 경우에 따른 각각의 행동 수칙을 학습하여, 조화롭고 지혜로운 대인관계 기술을 습득하는 사고 운영단계이다. 예를 들어, '갑'의 입장일 경우는, 〈겸손 ⇨ 존중 ⇨ 관심 ⇨ 이해 ⇨ 배려〉 등의 행동 수칙을 준수해야 하며, '을'의 입장일 경우는, 〈공손 ⇨ 예의를 갖춤 ⇨ 몸과 마음의 자세를 낮춤〉 등의 행동 수칙을 실천해야 뜻한 바를 조화롭고도 효율적으로 잘 실현할 수 있다.

9단계 〈인사(人事)를 통한 대인관계 기술 구축〉 단계는, 그때그때 적재적소에 전해야 할 단계별 마음을 잘 전달하고 표현함으로써, 서로 상생 속에 성숙하고 성장하는 대인관계 기술을 습득할 수 있는 사고 운영단계이다. 예를 들어, 우리가 늘 실천해야 할 인사 개념 4가지는 바로 〈미안합니다 ⇨ 감사합니다 ⇨ 돕겠습니다(사랑합니다) ⇨ (도울 수 있도록) 도와주십시오〉 등의 인사이며, 인사란 바로 이러한 마음을 적재적소에 잘 전하며 소통 교류하는 것이다.

10단계 〈감사 에너지 충전을 통한 꿈과 목표 실현 기술 구축〉 단계는, 현차적 현실에서 주어지는 모든 경험에 대한 중요함과 소중함과 감사함과 행복함 등의 〈현차적 감사〉를 매 순간 명확히 인식하고, 더불어 자신의 꿈과 목표가 이미 현실로 실현되어 있는 고차적 현실에 대한 확고함과 감사함 등의 〈고차적 감사〉 역시 매 순간 명확히 인식하여서, 그 두 차원적 감사함의 융합을 통한 놀라운 기적 창조의 힘을 발현하는 사고 운영단계이다.

11단계 〈우주의 인플레이션에 입각한 심신통합 충전기술 구축〉 단계는, 급팽창하는 우주의 에너지 질량의 상승에 대비하여, 인간도 육체와 정신의 에너지 질량을 균형 있게 충전하고 밀도 상승을 시켜서, 성숙하고 성장함으로써, 우주의 에너지 질량 상승에 조화롭게 대응할 수 있는 상태로 만드는 사고 운영단계이다.

12단계 〈우주의 창조 근원과 합일되는 의식통합 기술 구축〉 단계는, 개인의 논리적 사고회로에 따른 역량 발현의 한계를 스스로 뛰어넘을 수 있는, 우주의 창조 근원과 합일되는 고차적 사고회로를 통해 초과학적·초자연적 역량을 발현할 수 있도록 노력하는 사고 운영단계이다.

이와 같은 단계별 〈사고 운영체계〉 과정을 통해, 스스로 생각과 감정과 육체의 주인으로서의 정체성 회복과 함께 평화적, 생산적, 창조적인 역량을 발현할 수 있다. 더불어 삶의 목적과 삶의 목표를 명확히 확립하여, 건강하고 행복한 상태에서 꿈과 목표를 실현할 수 있다. 또한, 꿈과 목표가 이미 현실로 실현되어 있는 미래기억에 기반한 사고 회로를 통해 생산력과 창조력을 향상할 수 있다. 그러한 과정에서 내적으로 성숙하고 외적으로 성장하며 건강, 행복, 성공을 실현하는 삶을 살아갈 수 있다. 그 단계에 따른 더 구체적이고 상세한 내용은, 저자의 저서 중《자기경영 헬스케어》에 상세히 안내되어 있으니 참고하기를 바라는 바이다.

> ## 인체 운영체계를
> ## 세팅하고 운영하라

~~~ **2** ~~~

인체 운영체계는 인체의 기능을 잘 유지하고 발휘하기 위한 인체의 운영 시스템을 의미하며, 이를 통해 인체 부위별 기능들이 상호 긴밀한 연계 작용을 하며, 보다 효율적으로 육체적 기능이 발현될 수 있다. 한마디로 인체 운영체계는 효율적인 육체적 에너지 충전을 위한 운영 시스템이다. 그로 인해 건강한 육체 실현 및 그것을 바탕으로 창조력을 발현할 수 있다.

인체는 몸 안에 흐르고 있는 미세 전류를 통해 세포에 정보를 전달하며 소통한다. 이러한 인체 운영체계는 '충전 자세 ⇨ 충전 표정 ⇨ 충전 스피치 ⇨ 충전 호흡 ⇨ 충전 동작' 등 총 5단계로 실행된다. 그러한 인체 운영체계 속에서 육체적 에너지 충전이 효과적으로 이루어지며, 활기·활력과 함께 생각과 감정도 스스로 조절할 수 있다. 다시 말해 자신이 원하는 생각에 대한 집중과 조절이 가능하도록 하기 위해서는 육체적 에너지 충전 및 인체 전자기장의 활성화가 필수 조전이다.

이처럼 인체 운영체계를 통해 육체를 건강하게 활성화해야 하는 이유는, 바로 육체적·정신적 통합 건강을 실현하여 창조력을 발현하기 위해서이다. 우리는 평소 생각과 말 그리고 표정과 행동 등이 우리의 감정과 건강에 어떤 영향을 미치는지 체감하지 못한 채 살아가곤 한다. 그럼 이러한 인체 운영체계 5단계에 대해서 단계별로 살펴보자.

인체 운영체계 1단계는, '충전 자세' 단계이다. 우리는 살면서 올바른 자세에 대한 중요성을 많이 강조 받아왔다. 우선 '자세'가 어떤 의미를 뜻하는지 사전적 의미를 찾아보면, "어떤 동작을 취할 때 몸이 이루는 어떤 형태, 사물을 대하는 마음가짐이나 태도" 등으로 정의되어 있다. 그와 함께 또 다른 의미는, '몸통이 바르게 세워져 있는 각도의 정도'를 의미한다. 즉, 올바른 자세란, 몸통이 수직으로 반듯하게 세워져 있는 상태를 말하는 것이다.

반면 '동작'이란, 몸통에서 뻗어 나온 팔과 다리의 움직임을 의미한다. 그렇다면 '자세'와 '동작'은 상호 어떠한 작용적 관계가 있는 것일까? 사람의 인체 구조는, 나무를 거꾸로 세워 놓은 구조와 매우 흡사하다. 머리는 뿌리 부위에 해당하고, 몸통은 줄기 부위에 해당하며, 팔과 다리는 가지 부위에 해당한다.

그렇다면 몸통이 수직으로 반듯하게 세워진 자세가 왜 그토록 중요할까? 그 이유는 바로 호흡을 할 때 들숨에서 횡경막 아래까지 숨이 자연스럽게 들어와서 한 호흡당 흡수되는 산소량이 놀랍도록 증가되기 때문이다. 그로 인해 충전 자세는 그 이후의 단계인 충전 호흡에 있어 매우 큰 영향을 미친다.

그러한 충전 자세가 주는 육체적·정신적 에너지 충전 효과를 살펴보면 다음과 같다.

첫째, 혈액순환이 촉진된다. 충전 자세는 호흡을 할 때 들숨에서 횡경막 아래까지 숨을 깊게 들어 마시게 하여 호흡당 산소량이 대폭 증가한다. 이로 인해 두뇌로의 혈류가 증가하면서 머리가 맑아지고 활력이 증진된다.

둘째, 자신감이 증진한다. 충전 자세는 자신감을 높이는 호르몬인 테스토스테론을 급격히 향상시킨다.

셋째, 긴장이 완화되고 스트레스가 해소된다. 신경계를 진정시키고 스트레스를 유발하는 호르몬인 코르티솔의 분비를 급속도로 낮아지게 하여 마음이 안정된다. 이는 불안, 긴장, 스트레스 해소에 도움이 되어 정신이 안정된다.

인체 운영체계 1단계

인체 운영체계 2단계는, '충전 표정' 단계이다. 인체의 신경계

중 뿌리 부위에 해당하는 머리는 두피와 얼굴로 구성되어 있다. 두피와 머리에는 말초신경계인 뇌신경들이 골고루 분포되어 있다. 그중 얼굴의 표정 근육들은 눈과 코, 입 주위의 근육들로 이루어져 있으며, 근막 없이 머리뼈와 얼굴에 직접 연결되어 피부 조직을 당기게 됨으로써 얼굴의 다양한 표정들이 나타나게 되는 것이다.

먼저 고개의 각도를 20° 정도 가볍게 들어 올려서 기도를 열어준 상태에서 '충전 표정'을 지어 보면 즉시 기분이 좋은 느낌의 상태가 된다.

우선 입꼬리를 최대한 귀에 걸듯 옆으로 당겨 올리고, 광대뼈 아래의 '교근'에 집중하며, "이~!"라는 의성어를 짧고 굵게 발성한다.

그런 후 눈을 질끈 감으며 콧잔등이 찡긋하도록 코 옆의 근육을 위로 뻗쳐 올리는 표정과 함께 '비강'에 집중하며, "큰~!"이라는 의성어를 짧고 굵게 발성한다.

끝으로, 눈을 질끈 감은 상태에서의 시선이 두피를 응시하며, "힘~!"이라는 의성어를 짧고 굵게 발성한다.

이때의 표정은 진짜 기쁠 때 짓는 환한 표정이 절로 된다. 이러한 '충전 표정'은 짧은 시간 안에 전율과 함께 아주 강렬한 기쁨이 체험되게 해준다. 얼굴의 각 부위(교근, 비강, 두피)별로 맞는 소리를 통해 얼굴 부위별로 필요한 에너지 충전을 하는 과정에서 자연스럽게 밝은 표정이 회복되고, 활기·활력이 증진됨으로

써, 용기와 자신감이 생성된다,

다시 한번 더 '충전 표정'을 통한 에너지 충전 방법을 살펴보면,

첫째, 교근에 집중하고 '이~!'라는 소리를 통해 교근에 기압을 충전한다.

둘째, 비강에 집중하며 '큰~!'이라는 소리를 통해 비강 내에 기압을 충전한다.

셋째, 두피에 집중하며 '힘~!'이라는 소리를 통해 두피에 기압을 충전한다.

넷째, 뇌에 집중하며 '큼~!'이라는 소리를 통해 뇌에 기압을 충전한다.

인체 운영체계 2단계

인체 운영체계 3단계는, '충전 스피치' 단계이다. 충전 스피치는 말을 통해 정신적·육체적 에너지 충전을 동시에 하는 스피치 방법이다. 말하기에 대한 사전적 의미를 찾아보면 "생각과 감정에 대한 의사소통의 수단"이라고 정의되어 있다. 이러한 '충전 스피치'는 자신이 원하는 생각에 집중하고, 실감을 강렬하게 느끼면서 그 느낌을 말로 표현하는 것이 포인트다. 이러한 과정을

통해 온몸으로 강렬한 힘과 전율 그리고 감동이 일어난다. 그와 함께 육체적·정신적 에너지 충전이 되는 것이 특징이다.

첫째, 교근에 집중하고, '이~!'라는 소리를 통해 교근에 기압을 충전시킨다.

둘째, 비강에 집중하며, '큰~!'이라는 소리를 통해 비강에 기압을 충전시킨다.

셋째, 두피에 집중하며, '힘~!'이라는 소리를 통해 두피에 기압을 충전시킨다.

넷째, 뇌에 집중하며, '큼~!'이라는 소리를 통해 뇌에 기압을 충전시킨다.

그런 후 "그래~!"라는 소리를 통해 해당 주요 부위의 기압을 동시에 통합적 충전을 시킨다. 다음은 "됐다~!!"라는 소리를 통해, 현실에서 원하는 꿈과 비전이 모두 실현되어 있는 미래기억에 온몸과 정신을 집중하고 실감을 느낄 수 있는 감각으로 활성화한다.

인체 운영체계 3단계

인체 운영체계 4단계는, '충전 호흡' 단계이다. 충전 호흡이란,

육체적 에너지 충전을 초고속으로 시켜주는 에너지 충전 호흡법이다. 우리가 생명 활동을 유지하기 위해서는 물질적인 에너지가 필요하다. 그러기 위해서는 먹고 마시는 음식과 물이 필요하고, 호흡을 통해 공기를 흡수하여 음식과 물을 화학적, 물리적 전기 에너지로 변환시켜서 활동이 가능한 에너지로 만든다. 이처럼 호흡을 통해 흡수된 공기는 화학적, 물리적 전기 에너지로 변환되어서 생명 에너지로 생성되는 것이다. 이러한 호흡 과정도 1차, 2차, 3차 단계를 통해 에너지 충전이 진행된다.

- **1차 충전단계**는, 호흡을 통해 몸 바깥에 있던 공기가 폐로 들어왔다 나가는 동안에 혈액하고 접촉이 되면서, 혈액에 산소가 녹아 들어가고 폐에서 산소 교환이 이루어지는 에너지 충전단계이다.
- **2차 충전단계**는, 혈액이 돌다가 세포 속으로 산소가 녹아 들어가서 에너지 충전이 되는 단계이다.
- **3차 충전단계**는, 세포 속에 있는 에너지 공장인 '미토콘드리아'라는 세포 소체까지 산소가 전달됨으로써, 우리가 쓸 수 있는 동력에너지로 생성되는 에너지 충전단계이다.

일반적인 호흡은 들숨과 날숨의 반복이지만, 충전 호흡은 들숨, 멈추기, 날숨 등의 3단계 과정을 반복함으로써 이루어진다. 들숨은 자연스럽고 가볍게 비강과 아랫배 단전까지 들이마신다. 그리고 비강 내에 공기를 압축시키기 위해 미소를 활짝 지으며,

충전 표정을 짓고 숨을 잠시 멈춘다. 기분이 좋아질 정도로 복부와 손과 발, 두피 등과 온몸에 꽉 차오르는 압력을 느끼며 숨을 잠시 멈추었다가 내쉬는 숨을 통해 온몸에 응축시켰던 에너지 기압을 다시 교근, 비강, 두피, 뇌, 손, 발, 복부 등으로 밀어 넣는다.

이러한 '충전 호흡'은 뇌가 필요로 하는 산소 공급을 대폭 늘려준다. 또한, 흉곽 내의 압력이 음압으로 형성되었다가 말초신경계로 서서히 산소가 퍼져 가는 효과가 나타나며, 특히 날숨 시 말초혈관이 확대되어 혈액이 조직이나 세포 속으로 더 스며 들어가게 된다. 세포나 조직 속으로 혈액순환이 많이 되니까 산소 공급이 많이 되는 결과가 나타난다. 그뿐만 아니라 호흡 시 비강 내의 상피세포로 흡수되는 용존산소량을 늘려주고, 뇌간의 중심부에 있는 쾌락 중추를 활성화하여 기쁨이라는 느낌을 느낄 수 있게 된다. 그럼으로써 육체적 에너지 충전과 함께 의식적 상태를 스스로 조절할 수 있다. 그러한 충전 호흡은 우리가 아주 기쁜 일이 생겼을 때, 자신도 모르게 해 왔던 호흡의 상태와 매우 유사하다.

이처럼 '충전 호흡'은 우주 공간에 가득 채워져 있는 양자장의 에너지를 육체 안으로 흡수하여 인체 에너지 전자기장을 활성화한다. 현대인들 대부분은 건강을 위해 '운동을 한다.'라고 하면 머리와 얼굴을 제외한 몸통과 팔과 다리를 움직이는 것 위주로 생각했다. 하지만 '충전 표정'을 통해 교근, 비강, 두피, 뇌 등의 인체 주요 4곳에 압전을 충전하는 것을 시작으로 하여 손, 발, 복부의 단전까지 포함한 인체 주요 7곳에 압전을 통합 충전하는 '충전 호흡'을 통해 초고속 인체 에너지 충전이 가능하다.

인체 운영체계 4단계

인체 운영체계 5단계는, '충전 동작' 단계이다. 인간은 곧 동물 (動物)이며, 동물의 한자를 살펴보면 움직이는 생명체란 의미이다. 어떤 동물이든 움직이다 보면 신체가 활성화되면서 생기를 띠게 된다. 동물이란 자연 속을 자유로이 뛰어다닐 때 건강해지는 법이며, 이는 인간도 마찬가지다. 우리의 몸은 항상 움직이기를 원한다. 심장의 박동, 폐의 호흡, 뇌파의 움직임 등이 바로 우리가 살아있다는 증거이다. 움직임이 정지될 때 인체는 활기가 없어지고 점점 죽어간다. 우리 몸의 움직임이 정지되면 에너지의 흐름이 막히고 그 순간부터 우리의 몸은 병이 든다.

인간의 몸에는 다양한 전기적 에너지의 흐름이 있다. 한의학의 경락이나 경혈 이론 등은 건강이 에너지의 흐름과 아주 밀접한 관계가 있음을 잘 설명해 준다. 에너지의 흐름이 원활하지 못하거나 막히면, 몸은 굳게 되고 병이 나게 된다. 의식이 매사에 부정적이고 공격적인 사람들은 대표적으로 에너지의 흐름에 난

조를 일으키고, 건강의 균형이 깨지게 된다. 이처럼 인체에 필요한 에너지를 초고속으로 충전 및 순환하게 하는 충전 동작은 총 3단계의 과정으로 이루어져 있다.

충전 동작 1단계는, 두 주먹을 꽉 쥐고 두 팔을 힘차게 흔들며, 온몸의 에너지 충전을 상승시킨다. 이때 고개는 20도 정도 위로 들어 올려서 기도를 열어 준다.

충전 동작 2단계는, 주먹을 쥔 양손을 쫙 펴서 손가락을 창끝처럼 뻗쳐준다. 충전동작 1단계보다 훨씬 더 강력하게 손에 기압이 충전된다.

충전 동작 3단계는, 뻗친 손가락을 피아노 건반을 치는 듯한 손가락 모양으로 뻗쳐서 손가락 끝에 힘을 주고, 마치 피아노 건반을 강하게 치듯 10개의 손가락을 빠르게 10초가량 움직여 준다. 이때 인체 전체의 기압은 극점까지 증폭되는 것을 경험할 수 있다.

이때 동작을 취하면서, "그래~! 됐다~!!"라는 말을 여러 번 반복한다. 이때 자신이 원하는 꿈과 목표가 실제로 "됐다"라는 기쁨의 느낌이 강렬한 전율과 함께 온몸으로 실감된다. 그것은 뇌가 실제의 현실로 인지했기에 일어나는 생리적인 반응이다. 계속해서 "그래~! 됐다~!!"라는 말을 반복하며 집중하면, 실제 꿈과 목표가 실현되어 있는 실감 속에서 감사함이 온몸의 전율과 함께 느껴지면서 육체적·정신적 에너지 충전이 증폭된다.

인체 운영체계 5단계

　이처럼 인체 운영체계를 통해 인체 에너지 충전이 활성화되면, 감성 뇌의 편도체가 안정화되면서 이성 뇌의 전전두엽 기능은 매우 활성화된다. 그러므로 인해 미래기억에 대한 집중력이 발달하여 원하는 것이 이루어진 상황에서만 실행 가능한 표정과 호흡, 말과 행동이 자연스럽게 표현된다. 그러한 과정을 통해 삶에 대한 자신감과 긍정적 사고가 활성화된다.

자기경영 운영체계를
세팅하고 운영하라

3

자기경영 운영체계(Self-Management Operating System)는 개인이 자신의 목표를 달성하고, 삶을 효율적으로 관리하기 위한 심신 통합 운영체계를 말한다. 자기경영은 개인의 시간, 에너지, 자원, 능력 등을 최적화하여 원하는 결과를 얻기 위한 전략적 개념을 말한다. 이러한 자기경영 운영체계가 필요한 시대적 배경을 살펴보면 다음과 같다.

18세기 중반 영국에서부터 시작된 1차 산업혁명을 시작으로 4차 산업혁명 시대까지 흘러오면서 급속한 물질문명의 발전이 이루어졌다. 이러한 시점에서 물질문명을 주도하고 이끌어갈 정신문화의 발전이 시대적 움직임으로 빠르게 흘러가고 있다. 바야흐로 인류의 의식혁명과 생활문화혁명이 본격 필요한 시점이 되고 있다.

법치 국가에는 엄연히 국가의 법칙이 존재하듯, 우주에도 우주의 법칙이 존재한다. 그러한 우주의 법칙을 예로부터 '진리'라고 불렀다. 현대사회는 이러한 진리를 기반으로 삶을 운영하는 역량이 필수 경쟁력인 시대로 흘러가고 있다.

우주는 우주의 운영체계에 의해서 운영되고, 컴퓨터도 운영체계(Operating System)에 의해 하드웨어와 소프트웨어가 통합 운영되듯이, 사람도 자기경영 운영체계(Self Management Operating System)에 의해 육체(Physica Body)와 정신(spiritual Body)이 통합 운영된다. 즉, 사람은 자기경영 운영체계에 의해 육체와 정신의 통합된 건강 실현은 물론이고, 건강하고 행복한 상태를 기반으로 꿈과 목표를 실현하는 잠재력도 발현된다.

현대인들이 자기경영 운영체계를 반드시 꼭 확립해야 하는 이유는, 바로 우주의 운영법칙인 '진리 법칙'을 학습하고 실천하여 삶을 평화적·생산적·창조적으로 운영하기 위해서이다. 앞으로 현대사회는 갈수록 이러한 삶의 운영기술을 필수 역량으로 요구하게 될 것이다. 이제 지구촌은 산업혁명에 의한 물질문명의 발전을 넘어, 의식혁명을 통한 정신문화의 발전을 향해 빠르게 변화, 발전하고 있다.

자기경영 운영체계는, 크게는 '사고 운영체계'와 '인체 운영체계'로 구분된다. 그리하여 육체 에너지 충전을 통한 '육체적 건강'과 정신 에너지 충전을 통한 '정신적 건강'을 균형 있게 실현하도록 돕는다. 그러한 과정에서 꿈과 목표를 실현하며 성숙하고 성장하는 삶을 추구하도록 돕는다.

그중 인체 운영체계는, 충전 자세 ⇨ 충전 표정 ⇨ 충전 스피치 ⇨ 충전 호흡 ⇨ 충전 동작 등의 단계를 통해 육체에 필요한 에너지를 효율적으로 충전하게 한다.

사고 운영체계는, 그러한 육체적 상태를 바탕으로 명확한 삶의 목적과 목표를 확립하고, 삶에 대한 중요함, 소중함, 감사함, 행복함과 함께 꿈과 목표를 실현하도록 돕는다.

이러한 자기경영 운영체계를 구축하기 위해 주요한 요소를 살펴보면 다음과 같다.

첫째, 목표 설정 및 계획 수립 부분이다. 자기경영에 있어 가장 우선적 단계는 명확한 목표 설정이다. 목표는 장기적 목표와 단기적 목표로 나눌 수 있으며, 구체적, 측정 가능, 달성 가능, 관련성, 시간 제한 등의 기준에 따라 설정하는 것이 효과적이다. 목표를 설정한 후에는 이를 달성하기 위한 구체적인 계획을 수립해야 한다. 이는 일일, 주간, 월간 계획으로 나누어지며, 각각의 단계마다 필요한 행동과 과업을 구체화한다.

둘째, 시간 관리 부분이다. 효과적인 시간 관리는 자기경영의 핵심 요소다. 시간 관리 방법으로는 할 일 목록(To-Do List), 일정 관리, 타임 블록(Time Blocking), 우선순위 매트릭스(Eisenhower Matrix) 등이 있다. 이러한 도구를 사용하여 중요한 일과 긴급한 일을 구분하고, 가장 중요한 일에 집중할 수 있도록 한다.

셋째, 에너지 관리 부분이다. 자기경영은 단순히 시간 관리에 그치지 않고, 개인의 에너지를 효율적으로 관리하는 것도 포함한다. 에너지를 관리하는 방법으로는 규칙적인 운동, 건강한 식습관, 충분한 수면, 휴식과 스트레스 관리 등이 있다. 하루 중 에너지가 가장 높은 시간대를 파악하고, 그 시간에 중요한 작업을 배치하는 것도 좋은 방법이다.

넷째, 자기 통제 및 습관 형성 부분이다. 자기 통제력은 자기경영에서 매우 중요한 요소로, 목표 달성을 방해하는 유혹을 이겨내고 꾸준히 행동을 지속할 수 있는 능력이다. 이를 위해서는 긍정적인 습관을 형성하고, 나쁜 습관을 제거하는 것이 필요하다. 작은 습관의 변화가 장기적으로 큰 결과를 가져올 수 있다.

다섯째, 피드백 및 결과 평가 부분이다. 정기적으로 자신의 성과를 평가하고 피드백을 받는 과정이 필요하다. 이를 통해 무엇이 잘 되고 있는지, 어떤 점을 개선해야 하는지 파악할 수 있다. 성과 평가는 일일 리뷰, 주간 리뷰, 월간 리뷰 등으로 나눌 수 있으며, 이를 통해 자기경영의 효과성을 지속적으로 높일 수 있다.

이러한 자기경영 운영체계의 바탕이 되는 이념인, 〈자기경영 선언문〉을 소개하고자 한다.

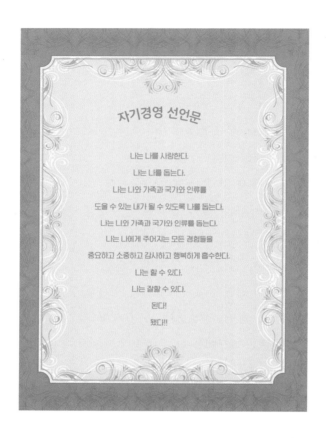

자기경영 선언문

나는 나를 사랑한다.
나는 나를 돕는다.
나는 나와 가족과 국가와 인류를
도울 수 있는 내가 될 수 있도록 나를 돕는다.
나는 나와 가족과 국가와 인류를 돕는다.
나는 나에게 주어지는 모든 경험들을
중요하고 소중하고 감사하고 행복하게 흡수한다.
나는 할 수 있다.
나는 잘할 수 있다.
된다!
됐다!!

이와 같은 〈자기경영 선언문〉 내용 속에는, 〈자기경영 헬스케어〉의 핵심 원리가 함축되어 있다. 그 때문에 〈자기경영 선언문〉의 내용을 조금 더 자세히 살펴보면, 다음과 같다.

우리는 누구나 자신을 사랑한다. 우리는 평소에 사랑이라는 표현을 자주 사용하곤 하지만, 진정으로 사랑한다는 것은 바로 사랑하는 만큼 돕는 것을 의미한다. 그런데 돕는다는 개념에 대해서도 우리는 깊게 생각을 해보아야 한다. 그건 바로 돕고자 하는 대상의 성숙과 성장을 돕는다는 개념이 중요한 핵심이 되어야 하기 때문이다.

또한, 돕고자 하는 대상의 범위도 넓고 클수록 좋은 것이다. 왜냐하면, 돕고자 하는 대상에 대한 범위와 규모가 클수록 그 만큼에 비례하여 육체적·정신적 에너지를 스스로 흡수하여 모을 수 있기 때문이다. 우리의 육체와 정신의 시스템과 뇌과학적 뇌의 생리 특성이 그러하다.

그처럼 사랑하기에 돕고자 하는 과정에서 반드시 명심해야 하는 핵심 사항이 있다. 그것은 바로 매 순간 자신에게 주어지는 모든 경험을 맞이하는 데 있어서 어떠한 경우일지라도 "중요하고 소중하고 감사하고 행복하게 받아들이며 흡수하겠다"라는 삶의 이념을 갖추어야 한다는 개념이다. 그와 함께 우리는 모두 누구도 예외 없이 자신의 꿈과 목표가 이미 현실로 실현되어 있는 차원으로부터 와서 태어나 있는 존재라는 개념이다.

그 때문에 자신이 실현하고자 하는 꿈과 목표를 스스로 반드시 실현할 수 있을 뿐 아니라 자신은 이미 그럴 수 있는 역량을 가지고 태어나 있는 존재임에 대한 정체성 회복을 강조하는 말이 바로 "된다", "됐다", "할 수 있다", "잘할 수 있다" 등이다.

이처럼 〈자기경영 선언문〉은 강력하고 긍정적인 마음의 상태를 갖도록 하는 데 있어 매우 탁월한 방법이다. 이러한 〈자기경영 선언문〉은 자신의 목표와 방향을 상기시키고 의식적으로 하루를 어떻게 살 것인지 다짐하는 강렬한 문구들로 구성되어 있기에 〈자기경영 선언문〉을 암송하는 습관만으로도 심리적, 정서적 그리고 생산성 측면에서 매우 탁월한 효과를 가져다준다.

첫째, 파워 마인드 업 효과를 가져다준다. 하루를 〈자기경영 선언문〉으로 시작하면, 스스로에 대한 믿음이 커지고 자신감을 얻을 수 있다. 자신이 이루고자 하는 삶의 목적과 목표를 다시 상기하게 되면서 명확한 하루의 방향을 설정하고 집중력을 유지하는 데 도움이 된다. 그리하여 의식적으로 하루를 시작하는 데 있어 주도적인 사고방식을 강화해 준다.

둘째, 긍정적인 마음가짐을 강화해 준다. 〈자기경영 선언문〉에는 스스로의 정체성을 인정하는 내용과 긍정적인 언어가 포함되어 있기에 아침에 암송하면 자신감을 높이고 내면의 동기부여를 촉진한다. 또한, 매일 긍정적인 문구를 반복함으로써 긍정적인 사고회로가 구축되게 된다. 이는 스트레스 관리와 회복탄력성 강화에 매우 큰 도움이 된다.

셋째, 일관된 습관을 형성해 준다. 아침에 〈자기경영 선언문〉을 암송하는 것은 하루를 시작하는 일관된 루틴이 되어 자기관리를 강화하고 지속적인 습관 형성에 도움이 된다. 또한, 매일 아침 반복하면 무의식적으로 긍정적인 습관이 강화된다.

넷째, 스트레스 감소와 마음의 평온을 안겨준다. 하루를 시작하기 전에 〈자기경영 선언문〉을 암송하면 마음을 차분하게 만들고 하루에 대한 스트레스를 미리 예방할 수 있다. 또한, 마음을 집중하는 효과를 줘서 하루에 대한 몰입도를 높인다.

다섯째, 자기 성찰과 성장을 도와준다. 〈자기경영 선언문〉에는 자기 인식과 성찰의 요소가 포함되어 있다. 이는 자신을 돌아보고 현재의 위치를 확인하며 발전을 추구하게 만든다. 또한, 자신이 설정한 가치와 목표를 상기함으로써 지속적인 성장을 위한 의지를 다질 수 있다.

이러한 〈자기경영 선언문〉을 삶의 이념으로 삼고 〈자기경영 운영체계〉를 구축하여 삶을 운영한다면 무한한 창조의 실현이 가능할 것이다.

> ## 삶에 대한
> ## 갑의 마인드로 살아가라

～～ 4 ～～

    우리가 인생을 살아가는 데 있어서 '갑과 을의 관계'를 살펴보면, '갑'은 주도적인 위치에서 도움을 주는 사람의 입장을 의미하며, '을'은 도움을 받는 사람의 입장을 의미한다. '갑과 을의 관계'는 단순히 상하 관계나 권력 관계를 의미하는 것이 아니라, 상호 존중, 효과적인 소통, 협상 기술, 감정 관리 등을 바탕으로 건전하고 건설적인 관계를 구축하는 것이 바람직하다.

    삶에 있어 '갑'의 마인드란, 자신이 인생에서 사람들을 돕는 존재로 삶을 살아가겠다는 주도적 마인드를 말한다. 그러한 '갑'의 마인드가 성립되기 위해서는 도움을 줄 대상이 있어야 한다. 그 대상의 첫 번째 상대는 바로 자기 자신이다. 즉, 나는 나를 도울 수 있어야만 하는 것이다. 그렇게 자신을 돕는 자기가 되도록 노력하다 보면 자연스럽게 그 대상의 범위는 점점 넓게 확장된다. 그리하여 나는 나와 가족과 국가와 인류를 도울 수 있는 나 자신으로 점점 성장하고 발전하는 것이다.

그렇다면 도대체 무엇을 도와야만 하는 것일까? 그에 대한 정답은 바로 '자신과 타인의 성숙과 성장을 돕는 것'이다. 여기에서 우리가 한번 깊게 생각을 해보아야 할 부분은 바로, "우리는 왜 그처럼 자신과 타인의 성숙과 성장을 도와야만 하는 것일까?"라는 부분이다. 또한, "왜 그처럼 실제 자신과 타인을 돕고 싶은 마음이 우리의 내면 깊이 존재하고 있는 것일까?"라는 점이다. 그 이유는 바로 우리 인간의 내면에는 천지 부모의 크나큰 마음과 사랑이 있기 때문이다. 우주의 대자연은 천지 부모의 마음과 사랑으로 인류가 성숙하고 성장하는 데 있어서 필요한 모든 것을 헌신적으로 제공하고 있듯이, 그러한 큰 사랑과 마음이 바로 우리 인간의 세포 속에 그대로 내재되어 있다.

하지만 인류의 대다수는 정작 그러한 사실을 전혀 자각하지 못한 채, 각자의 입장과 논리에만 빠져서, 현실에서 주어지는 모든 상황이 자신의 성숙과 성장을 위해 주어지고 있는 중요하고 소중하고 감사하고 행복한 우주의 배려이자 도움이라는 것을 인식하지 못한 채 살아가고 있다. 오히려 수시로 불평, 불만 속에 빠져서 살아가는 경우가 상당수이다. 그러다 보니 평소에 우주의 대자연을 통해 받는 배려와 도움에 대해서는 전혀 인식하지 못하며 살아가고 있다.

인간은 항상 우주의 대자연 앞에서는 늘 도움을 받는 '을'의 입장인 것이다. 다시 말해 우주의 대자연은 항상 인간에게 도움을 주는 '갑'의 입장인 것이다. 그처럼 천지 부모에 해당하는 우주의 대자연은 자녀와 같은 인간의 성숙과 성장을 위해 항상 도우려는 마음과 함께 온전히 모든 것을 제공하는 사랑 그 자체이다. 이러한 천지 부모의 마음과 사랑이 고스란히 우리 인간의 내면에 본능처럼 존재하고 있음을 우리는 이제 자각해야 할 때이다.

우주의 대자연인 천지 부모가 자녀들인 인류에게 고스란히 보여주고 있는 사랑을 그대로 실천하는 삶의 자세가 바로 "수신제가 치국평천하(修身齊家 治國平天下)"이다.

"자신의 몸과 정신의 상태를 건강하게 잘 돕는 수신(修身)을 하다 보면, 자신의 가족 및 만나는 인연들 역시 수신(修身)할 수 있도록 돕는 제가(齊家)를 하게 되며, 그러다 보니 그것이 점점 국가와 세상 전체의 화평(和平)을 돕는 치국평천하(治國平天下)로까지 발전해 나가게 된다는 의미이다.

그중 수신(修身)에 대한 의미를 조금만 더 깊게 살펴보면, '수신(修身)'이란 자신의 육체와 정신의 건강을 스스로 잘 도와서, 자신은 물론이고 가족과 국가와 인류까지도 잘 도울 수 있는 자신의 상태로 성장하도록 자신을 돕는 것이다.

이처럼 수신(修身)에서부터 진정한 '삶에 있어 갑의 마인드'가 시작되는 것이다. 삶을 살아가다 보면, 누구나 자신이 '갑'일 때와 '을'일 때가 있다. 즉, 누구나 도움을 줄 때가 있고, 도움을 받

을 때가 함께 공존한다. 다시 말해 우리가 살면서 일방적인 '갑'
인 경우나 일방적인 '을'인 경우는 없는 것이다. 그러다 보니 내
가 어떠한 재능과 능력 또는 입장이 되어 그로 인해 누군가를 돕
는 '갑'의 입장인 경우와 함께, 더러는 어떠한 도움을 받는 '을'의
입장인 경우를 누구나 경험하는 법이다.

지금의 시대는 누구나 자신의 삶을 통해 자신과 가족 그리고
사회와 세상 전체의 성숙과 성장을 돕겠다는 삶의 목표를 가지
고 살아가는 '갑의 마인드'가 절실하다. 이처럼 삶에 있어서 '갑
의 마인드'로 살아가고자 하는 이들에게 꼭 필요한 행동 수칙이
있다.

우선, '갑'은 '을'에게 항상 '겸손' 해야 한다. '겸손'하다는 의미
는 바로 '존중'한다는 의미이다. '존중'한다는 것은 다시 말해 '관
심'을 갖고 상대에 대해 더욱 깊이 알고자 하는 것이다. 그런 만
큼 갑은 을에 대해서 더 제대로 '이해'를 할 수 있게 되기 때문이
다. 그렇게 '이해'를 하게 된 만큼 비로소 상대에 대한 꼭 필요한
맞춤형의 '배려'를 할 수 있게 된다.

다시 말해, 삶에 대한 '갑의 마인드'로 살아가는 이들은, 항상
'겸손'하고, '존중'하며, '관심'을 가지고, '이해' 속에 '배려'하며 살
아가는 삶의 자세가 기본이어야 한다.

또한, 우리가 살아가면서 때론 도움을 받아야 하는 '을'의 입장
일 경우가 있다. 그럴 때는 항상, '을'은 '갑'에게 '공손'해야 한다.
'공손'하다는 의미는 바로 '예의'를 갖추는 것이다. '예의를 갖춘

다.'라는 개념은 바로 '몸과 마음의 자세를 낮추는 것'을 의미한다.

다시 말해, 삶에 대한 '갑'의 마인드로 살아가는 이가 때론 도움을 받아야 하는 '을'의 입장일 경우는, 항상 '공손'하고, '예의'를 갖추며, '몸과 마음의 자세를 낮추어서' 자신이 필요한 도움을 순조롭게 받는 자세 역시 아주 중요하다.

이처럼 우리가 삶을 살아가면서 항상 삶에 대한 '갑'의 마인드로 살아가면서, 때론 도움을 받아야 하는 '을'의 입장일 경우까지의 '행동 수칙'을 알고 잘 준수하여 처사하면, 어떠한 문제도 조화롭게 해결하여 행복하고 지혜로운 삶을 실현할 수 있다. 다시 말해, 우리가 살아가면서 경험하는 문제의 대부분은, 그때그때 상황에 따라 '갑'과 '을'일 경우에 따른 '행동 수칙'을 제대로 준수하고 처사하지 못함으로 인해 발생하는 경우이다.

다시 정리하면, 삶에 대한 '갑'의 마인드로 살아가는 이들은 항상 '겸손'하고, '존중'하며, '관심'을 가지고, '이해' 속에 '배려'하는 삶을 실현하면서 삶을 윤택하게 경영한다. 반면, 도움을 받아야 하는 '을'의 입장일 때는, 항상 '공손'하고, '예의'를 갖추며, 몸과 마음의 자세를 낮추면서 삶을 조화롭고 지혜롭게 경영하는 것이다.

인간관계에서 '갑'과 '을'의 법칙

1. 甲은 乙에게 겸손해야 한다(겸손 ⇨ 존중 ⇨ 이해 ⇨ 배려)
2. 乙은 甲에게 공손해야 한다(공손 ⇨ 예의 ⇨ 낮춘다)

> ## "
> ## 육체적 5감, 6감, 7감의 감각을 깨워
> ## 내면의 감각을 주도하라
> ## "

5

우리는 평소에 자신이 사고하는 생각에 따라 자신의 상태와 상황이 결정된다. 우린 능동적이고 긍정적인 사고력을 활성화하여, 그것을 행동할 때 비로소 자신이 원하는 꿈과 목표를 실현할 수 있다. 그러기 위해서는 의학에서 말하는 육체의 5감, 6감, 7감의 감각을 깨우고 활성화하여 내면의 감각을 활성화하는 단계로 실천해야 한다.

그중 첫 번째 단계는, 의학에서 말하는 5감(Five Senses)의 감각 활성화 부분이다. 5감은 우리가 일상적으로 사용하는 기본적인 신체 감각을 말한다. 시각, 청각, 촉각, 후각, 미각 등이 바로 그것이며, 이러한 감각들은 우리가 물리적 세계와 상호작용하는 주요 수단이다.

시각은 눈을 통해 보는 감각으로, 색상, 형태, 움직임 등을 인식한다. 청각은 소리를 듣는 감각으로, 음의 높낮이, 강약, 음색을 구분할 수 있다. 촉각은 피부로 느끼는 감각으로, 온도, 질감, 압력, 통증 등을 인식한다. 후각은 코를 통해 냄새를 맡는 감각으로, 다양한 향과 냄새를 구분한다. 미각은 혀를 통해 맛을 느끼는 감각으로, 단맛, 쓴맛, 짠맛, 신맛, 감칠맛 등을 인식한다. 이러한 5감을 통해 우리가 일상에서 감각을 더 세심하게 인식하고, 더 민감하게 활용하여 우리의 경험을 더욱 풍부하게 만들게 된다. 예를 들어, 음식을 먹을 때 그 맛을 더 깊이 느끼고, 자연 속에서 소리와 냄새, 바람의 촉감을 더 깊이 느끼는 것 등이 바로 이러한 5감을 깨우는 과정이다.

두 번째 단계는, 의학에서 말하는 6감(Sixth Sense)의 감각 활성화 부분이다. 여기서 말하는 6감은 흔히 대중적으로 언급되는 직관이나 영적 감각을 표현하는 6감과는 다른 의미이다. 의학에서 말하는 6감은 바로 '고유수용감각(proprioception)'을 가리킨다.

고유수용감각이란, 우리가 신체의 위치와 움직임을 인식하는 감각으로, 이 감각 덕분에 눈을 감고도 팔이나 다리가 어디에 있는지 알 수 있고, 균형을 유지하며 움직일 수 있다. 또한, 고유수용감각은 신체 내부에서 발생하는 감각으로, 근육, 관절, 힘줄에 있는 감각 수용체들이 우리 몸의 위치, 움직임, 근육의 긴장 상태 등을 인지하게 해준다. 이러한 고유수용감각은 근육과 관절의 위치를 인식하게 하여 몸이 움직일 때마다 실시간으로 각 관절과 근육의 위치를 정확히 알게 한다. 예를 들어, 눈을 감고도 손가락이나 발가락을 움직이면서 그 위치를 인식할 수 있는 것은 이 감각 덕분이다. 그뿐만 아니라 우리가 균형을 유지하고, 걸을 때 넘어지지 않도록 몸의 중심을 조정하는 데 도움을 준다. 예를 들어, 불균형한 지면에서 걷거나 계단을 오를 때 몸을 적절히 조정할 수 있는 것은 고유수용감각 덕분이다. 그리고 우리가 운동을 더 정교하게 조정하는 데 중요한 역할을 한다. 이는 근육의 긴장을 도와 힘을 조절하고, 필요에 따라 움직임을 부드럽게 또는 강하게 만드는 데 필요하다.

이 같은 고유수용감각이 손상되면, 일상생활에서 균형을 잃기 쉽고, 운동 능력이 저하되며, 시각에 의존해 움직여야 하는 상황이 된다. 또한, 물건을 들 때 정확한 힘을 가하지 못하거나, 걸을 때 발을 올바르게 내딛는 것이 어려워진다. 운동선수들이 복잡한 동작을 정확히 수행하고 몸을 빠르게 조정하는 것도 고유수용감각 덕분이다. 이 감각이 뛰어나면 신체 동작을 더 세밀하게 제어할 수 있다.

세 번째 단계는, 의학에서 말하는 7감(Seventh Sense)의 감각 활성화 부분이다. 7감은 바로 '내부감각(interoception)'을 가리킨다. 내부감각은 신체 내부에서 발생하는 감각을 인식하는 능력이다. 이러한 내부감각은 심장 박동, 호흡, 소화, 갈증, 배고픔, 장기의 상태 등 다양한 신체 내부의 상태를 감지하는 데 중요한 역할을 한다.

내부감각은 자율신경계의 조절을 포함하여 우리의 생리적 요구와 상태에 대한 정보를 전달하는 매우 중요한 감각이다. 이러한 내부감각(Interoception)은 우리가 인체 내부에서 일어나는 생리적 변화와 감각을 느끼고 내부적으로 인식할 수 있도록 도와주는 감각이다. 예를 들어, 배고픔을 느끼거나 갈증을 느끼는 것이다. 또한 감정과도 연결되어 있어 스트레스나 불안을 느낄 때 심장 박동이 빨라지거나, 불편한 감정이 위장에 영향을 미쳐 복통을 일으키는 등을 인식하는 모든 것이 내부감각의 기능이다.

이러한 내부감각이 과도하거나 결핍되면 신체 상태에 대한 인식이 왜곡되거나 감정적으로 불안정해질 수 있다. 또한, 과도한 내부감각으로 인한 과민성 등은 신체 내부의 변화를 지나치게 민감하게 느낌으로 인해 약간의 심장 두근거림을 심각한 문제로 느끼거나, 가벼운 소화불량을 심한 복통으로 느끼는 경우가 있다. 이는 종종 불안 장애나 공황 장애와 관련될 수 있다. 내부감각은 정신 건강과 깊이 연관되어 있다. 감정과 신체 상태는 상호작용하며, 불안, 우울, 스트레스와 같은 감정은 내부감각을 왜곡하거나 증폭시킬 수 있다. 예를 들어, 불안을 느끼면 심장이 빠르게 뛰고, 그 심장 박동을 과하게 인식하면서 더 큰 불안을 느끼는 악순환이 발생할 수 있다. 또한, 내부감각은 감정 조절과 밀접하게 연결되어 있기에, 내부감각에 대한 인식이 높아지면 자신의 감정을 더 잘 조절하고 이해할 수 있다. 이를 통해 자신이 무엇을 느끼고, 왜 그런지에 대해 더 잘 인식하게 된다.

이러한 내부감각을 활성화하는 방법으로는 명상이나 호흡 훈련 등이 있다. 이러한 훈련을 통해 신체 내부의 변화를 더 민감하게 인식하고, 이를 적절히 조절하는 능력을 기를 수 있다.

심장 박동, 호흡, 갈증, 배고픔, 소화 상태 등 신체 내부의 변화를 인식하여 우리의 생리적 요구를 충족시키고, 자율신경계를 통해 신체를 조절한다. 내부감각은 또한 감정과 깊이 연결되어 있어 정신 건강과 감정 조절에도 중요한 역할을 한다.

이처럼 우리는 육체적인 5감을 활용하여 자신에게 필요한 정보를 습득하고, 그것을 인식하여 삶에 필요한 다양한 학습을 스스로 하게 된다.

그와 함께 팔과 다리를 건강하게 움직이고 활용하면서 점점 육체적인 6감을 활성화한다. 그로 인해 자신의 몸에 집중하는 감각이 활성화되고 육체에 내재되어 있는 6감이 점점 활성화된다.

그다음은 육체 내부에서 일어나는 물리적인 자극과 느낌, 내면의 심리적 감정 등을 인식하고 느끼는 과정을 통해 7감이 활성화된다.

이처럼 우리는 5감 ⇨ 6감 ⇨ 7감의 단계별 감각을 활성화함으로써, 점점 내적인 감각인 '생각'과 '감정'을 명확하게 인식하고 조절할 수 있게 되는 것이다.

최종 정리해 보면, 우리는 일상을 살아가면서 육체적인 5감은 물론이고, 주기적인 운동을 통해 6감을 활성화해야 한다. 그런 후 조용히 명상이나 사색 등의 시간을 통해 자신의 내부적인 감각과 느낌을 스스로 인식하고 다스리며 서서히 7감을 활성화하는 습관도 갖추어야 한다.

그러기 위해서는 그러한 생활 습관이 생활 문화로 자리해야 하며, 그러므로 인해 육체적인 5감, 6감, 7감의 감각을 깨워 스스로 내면의 기능을 다스리고 통제할 수 있는 역량을 갖추어야 한다. 그때 비로소 자신의 사고와 감정과 육체의 기능을 스스로 조절할 수 있는 감각의 주인이 되는 것이다.

> ## 악기를 조율하듯 수시로
> ## 육체와 정신을 조율하며 살아가라

~~~ **6** ~~~

　사람을 악기로 비유하여 육체와 정신의 조율을 통해 활기·활력을 회복하는 개념은, 육체와 정신의 에너지를 재충전하여 균형 있는 심신통합 건강을 추구하는 것을 말한다. 악기가 조율되지 않으면 좋은 소리를 낼 수 없듯이, 우리의 육체도 인체 각각의 부위별로 보유하고 있어야 할 힘과 에너지가 균형 잡혀 있지 않으면 건강을 유지할 수 없다.

　본래 악기의 조율이란, 악기의 줄이 보유하고 있어야 할 고유의 힘을 유지할 수 있도록 줄의 상태를 수시로 점검 및 보완하는 것을 말한다. 따라서 우리가 악기를 연주할 때 정확한 소리를 내기 위해서는 사전에 악기의 줄을 조율하는 것은 상식이다. 이렇듯 사람도 일상을 시작하기 전에 자기의 육체와 정신의 에너지 상태를 점검하고 충전하여 심신통합 조율 후 일과에 임하는 것이 정말로 중요하다.

다시 말해, 인생이라는 무대에서 육체라는 악기를 가지고, 꿈과 목표라는 악보를 매 순간 연주하는 일상에서 수시로 육체와 정신의 상태를 조율하는 것은, 건강하고 윤택한 삶을 실현하기 위해 필수적인 사항이다.

그렇다면 육체의 상태를 조율한다는 것은 과연 어떠한 개념이며, 어떻게 하는 것일까? 그건 바로 인체의 주요 부위 7곳에 항상 보유하고 있어야만 하는 힘과 에너지를 해당 부위별로 충전하는 것을 말한다. 그러한 인체 에너지 충전 기술을 통해 육체 차원에서 충전 및 운기(運氣) 해야 할 인체 에너지를 수시로 보충하며 활성화하는 것이다. 그로 인해 육체적인 활기·활력을 바탕으로 자신감과 창조력을 적극적으로 발현할 수 있다.

아무리 명연주자라 할지라도 악기의 줄이 조율되어 있지 않으면 아름다운 연주가 불가능하듯이, 육체라는 악기도 육체가 보유하고 있어야 할 힘과 에너지가 충전되어 있어야 꿈과 목표라는 악보를 건강하고 행복한 상태에서 신나게 연주할 수 있다.

그러기 위해서는 두피와 뇌, 비강과 교근, 단전과 손, 발 등의 인체 주요 부위 7곳에 필요한 힘을 수시로 잘 충전하고 있어야 한다. 그렇지 않으면 육체는 활기가 떨어지고, 자기의 생각과 표정, 말과 행동 등도 활력이 떨어져서 원하는 대로 잘 조절되지 않기 때문이다.

다음은 인체 주요 부위 7곳에 필요한 압전을 회복시킴으로써 육체적인 에너지를 충전하는 방법을 살펴보자.

우선 첫 번째 부위는, '교근'이다. 교근의 위치는 광대뼈 아래의 살짝 들어가 있는 부위이다. 교근에 집중하고, 입꼬리를 최대한 귀에 걸듯 표정을 옆으로 활짝 당겨 올리며 "이~!"라는 소리를 짧고 굵게 발성하면서, 교근에 에너지 충전이 되도록 한다.

두 번째 부위는, '비강'이다. 비강의 위치는 코 뒤쪽의 공간을 말한다. 눈을 질끈 감으며 콧잔등이 찡긋하도록 하여 코 옆의 얼굴 근육을 위로 뻗쳐 올리는 표정과 함께 비강 안으로 "큰~!"이라는 소리를 짧고 굵게 발성하면서, 비강에 에너지 충전이 되도록 한다.

세 번째 부위는, '두피'이다. 두피에 집중하고 "힘~!"이라는 소리를 짧고 굵게 발성하면서, 두피에 에너지 충전이 되도록 한다. 이때 눈을 감은 상태에서 시선이 두피를 응시한다. 이때의 표정은 진짜 기쁠 때 짓는 환한 표정이 절로 된다. 이러한 과정에서 짧은 시간 안에 전율과 함께 아주 강력한 기쁨이 체험된다.

네 번째 부위는, '뇌'이다. 뇌에 집중하고 "큼~!"이라는 소리를 짧고 굵게 발성하면서, 뇌에 에너지 충전이 되도록 한다.

다섯 번째 부위는, '손'이다. 손에 필요한 힘을 기르는 단계는 크게 3단계 과정으로 한다. 1단계는, 양 주먹을 꽉 쥐고 양팔을 가볍게 흔들면서, 양 주먹에 힘이 강력하게 들어오도록 한다. 2단계는, 양 손끝을 창끝처럼 뻗쳐서 양손 끝에 강력한 힘이 뻗도록 한다. 3단계는, 양손 끝을 갈고리 모양처럼 손끝에 힘을 뻗치면서 양손에 충전이 극대화되도록 한다.

여섯 번째 부위는, '하복부 단전'이다. 하복부 단전 부위에 복압이 회복될 수 있게 하는 방법은 바로 비강 부위에 힘을 강화하면 된다. 고로 비강에 '큰~!'이라는 소리를 힘차게 발성하면서 비강과 함께 동시에 아랫배 단전 부위도 힘과 에너지 충전이 가능하다.

일곱 번째 부위는, 바로 '발'이다. 손과 발은 상호 연동이 되어있기 때문에 주먹이 꽉 쥐어지면 발도 발가락이 꽉 당겨진다. 반대로 손가락 끝을 강력하게 뻗치면, 발가락도 힘차게 뻗치게 된다.

그런 후 최종 "그래~!, 됐다~!!"라는 말을 힘차게 반복하면, 인체 주요 부위 7곳에 각각 필요한 힘과 에너지가 동시에 충전되는 것을 경험할 수 있다. 그리하여 육체는 놀랍도록 초고속으로 활기·활력을 회복하게 된다.

그러므로 인해 현차적 현실에서 자신이 원하는 꿈과 목표가 이미 현실로 실현되어 있는 고차적 현실에 대한 기억인, 미래기억에 온몸과 정신을 집중하며 실감을 느낄 수 있는 감각을 활성화할 수 있다. 이처럼 소리를 통해 인체 주요 부위 7곳에 필요한 힘과 에너지를 충전하는 방법을 '사운드 테라피'라고 하기도 한다.

그러한 육체적 활기·활력의 상태를 기반으로 자신이 원하는 생각에 집중하고, 실감을 강렬하게 느끼면서 그 느낌을 말로 표현하는 연습을 생활화한다. 그 과정에서 온몸으로 강렬한 전율과 감동이 일어나며, 동시에 육체적·정신적 에너지가 충전된다.

본래 사람은 자신이 하는 생각과 감정, 표정과 호흡, 말과 동작과 행동 등이 일치하게 되어있다. 하지만 현대인들은 자신이 하는 생각에 대해서 느끼고, 표정 짓고, 그에 따른 호흡과 말, 동작과 행동 등으로 일치된 표현이 소극적이고 둔감해져 있다.

이처럼 인생이라는 무대에서 꿈과 목표 실현이라는 연주 공연이 하루하루 성공적으로 실현되어 갈 때, 우리는 점점 성숙하고 성장하는 삶의 명연주자로 발전하게 된다. 그와 함께 점점 주변과 세상으로부터 인정받고 존경받게 되는 것이다. 그리고 그때 비로소 자신에게 주어지는 삶의 모든 경험이 자기의 성숙과 성장을 위해서 우주로부터 주어지는 중요하고 소중하고 감사하고 행복한 기회이자 사랑이라는 것을 온몸으로 자각하며 받아들이게 되는 것이다. 이러한 상태를 기반으로 일상에서 〈자기경영 선언문〉의 내용을 삶의 이념으로 삼고, 자주 읊조려 보라. 그 내용 속에는 육체적·정신적 에너지를 스스로 흡수하여 모으게 하는 강력한 에너지가 담겨 있다. 그러다 보니 조용히 읊조리는 것만으로도 육체와 정신이 조율되고 에너지 충전이 되는 것을 경험하게 될 것이다.

자기 정보의 주인이 되어 꿈과 비전을 창조하라

~~~ **7** ~~~

자기 정보의 주인이 되어 꿈과 비전을 창조한다는 것은 자기의 생각과 정보를 능동적으로 다스릴 수 있는 정보 관리력을 통해 자신의 꿈과 목표와 비전을 실현해 나가는 것을 의미한다. 이는 자신에게 필요한 정보를 스스로 선택하고 수집한 후 판단하고 재구성하여, 그것을 집중하고 실천함으로써 꿈과 비전을 실현하는 과정을 말한다.

정보의 주인이 되어 주도적으로 정보를 다스린다는 것은, 단순한 지식의 암기나 기계적인 반복을 넘어 분석, 평가, 창의적 사고, 문제 해결, 추론, 메타인지 등과 같은 고차원적인 사고 능력을 모두 포함하는 인지적 활동을 말한다. 또한, 새로운 정보처리 방식, 문제 해결 능력, 창의적 사고, 비판적 사고, 의사 결정력 등을 향상하는 데 초점이 맞추어진다. 그로 인해 인지적 잠재력을 극대화하고, 현대사회의 빠른 변화에 대해 효과적인 적응력을 발현할 수 있다.

자신이 지금 어떠한 상황과 순간에 처해 있든지 상관없이, 오직 현재 지금의 순간에 집중한 뒤, 자신이 어떤 사람이 되고 싶은지, 자신이 원하는 상황은 어떠한 느낌의 상황인지를 집중하여, 그에 따른 느낌을 느끼는 습관과 반복이 필요하다. 즉, 눈을 감고 온몸의 신경계를 총동원해서 미리 리허설을 하는 것이다. 그러한 리허설을 통해 자신이 느낀 감정의 상태를 온종일 지속하면서 원래대로 돌아가지 않을 수 있다면, 결국 자기의 에너지는 바뀌게 될 것이다. 가장 중요한 핵심은 오랫동안 그러한 충만함의 감정을 지속하는 것이다.

그렇게 무의식 속에 각인되길 원하는 생각과 감정을 집어넣으면서, 하고 싶은 행동을 리허설하면 그에 따른 생각과 행동이 무의식에 입력된다. 그리고 뇌의 신경들은 그 일들이 실제로 일어난 것처럼 느끼게 된다. 몸은 무의식의 지배를 받기 때문에, 그러한 감정이 상상으로 일어난 감정인지, 실제로 일어난 일인지 구별하지 못한다. 즉, 뇌의 언어인 생각과 몸의 언어인 감정을 조절하고 변화시킴으로써 스스로가 원하는 인격을 만드는 것이다. 이제 우리는 과거 기억을 통해 늘 '똑같은' 현재를 만드는 기존의 패러다임에서 벗어나 미래기억을 통해 '새로운' 현재를 만드는 삶의 패러다임으로 바뀌어야 한다. 만약 자신이 미래기억으로부터 현재를 만들고자 결정했다면, 항상 그리고 수시로 눈을 감고 그에 따른 표정과 동작을 취하며 온몸으로 느끼는 희망찬 미래의 감정과 일치하도록 자신의 상태를 조율해야 한다. 그렇게 뇌와 온몸이 자신이 바라는 상황을 미리 맛보고 경험하도록 하는 것이다.

사람들 대부분이 생각이 미래를 창조할 수 없다고 생각하기에 미래를 창조하겠다는 생각을 어려워하는 것이다. 만약 생각만으로 미래를 창조할 수 있다고 생각한다면 하루라도 생각하는 것을 놓칠 사람은 없을 것이다. 아마도 모두가 절대 놓치지 않고 생각을 통하여 미래를 창조하려고 집중하고 노력할 것이다. 매일 아침, 감사함과 행복을 느끼며 일어나고, 아침에 원하는 미래를 상상하면서 힘을 얻고 완벽한 자신을 느끼며 하루를 시작한다면, 우리는 뭐든지 할 수 있다. 따라서 자신이 원하는 상황에 온전히 집중하여 실감과 함께 행복감을 느끼는 반복 연습이 정말로 필요하다. 그렇게 이미 이룬 느낌과 그에 따른 감사한 감정을 무의식에 경험시키는 것이다. 그러한 상태와 감정에는 어떠한 결핍이나 두려움도 없으며, 오히려 풍요와 희망 그리고 충만함 그 자체이다. 자신의 미래는 자신이 어떤 생각을 하고, 어떤 행동을 하는지, 어떤 감정을 느끼는가에 따라 결정된다. 신경과학에서는 이미 이것이 사실임이 증명되었다. 그러한 과정에서 명확한 비전이 그려지고, 열정을 가지게 되며, 진짜 일어나는 일처럼 느끼게 된다. 그렇게 몸이 실감과 함께 에너지를 느끼는 반복 속에서 점점 필요한 행동이 자연스럽게 일어나게 되는 것이다.

그런 후 자기의 생각과 느낌 그리고 상태를 종이에 글로 적어보면 그 느낌은 더욱 증폭된다. 그렇게 매번 적을 때마다 이미 이룬 감정을 느끼게 되며, 점점 미래와 자신이 하나처럼 느끼게 된다. 신경과학적으로 말하면, 메타인지 사고가 활성화되는 것이다. 그로 인해 자기의 생각과 감정과 행동이 스스로 조절 가능해지는 것이다.

그처럼 '자기 정보의 주인'이 되기 위한 몇 가지 요소들을 정리해 보자.

첫째, '정보의 달인이 되어야 한다. 오늘날은 너무나 방대한 정보를 무척 쉽게 접근할 수 있지만, 이를 효과적으로 관리하고 자신에게 유용한 지식으로 만들어 개인의 목표에 의미 있게 적용할 수 있어야 한다. 그러한 정보를 다스리는 달인이 되기 위해서는 자신이 알고 있는 것을 이해하고 지속적인 학습을 통해 그 지식을 실용적으로 활용함으로써 자신에게 필요한 힘을 갖추어야 한다. 또한, 자신의 강점, 약점, 열정, 기능 등에 대해서 명확히 알고, 자신에 대한 깊은 이해를 통해 자신의 특성에 맞도록 꿈과 비전을 조정할 수 있어야 한다. 그리고 자기 주도적으로 스스로 학습하고 필요한 정보를 적극적으로 찾아내며, 비판적으로 사고하는 능력이 필요하다. 또한, 정보를 잘 이해하고 분석하여, 자신의 상황에 맞는 결정을 내릴 수 있어야 한다. 자신의 삶을 어떻게 이끌어 나갈지에 대한 결정권을 스스로 갖는 것이 중요하다.

둘째, 꿈과 목표를 확립해야 한다. 꿈은 자신의 열망이나 미래에 이루고 싶은 바를 설정하는 것이다. 이러한 꿈은 단순한 바람을 넘어서, 자신에게 지속적인 동기 부여를 할 수 있는 강한 원동력이다. 목표는 꿈을 구체화한 것으로서 명확한 방향과 단계를 제시한다. 장기적인 계획을 세우고, 그 꿈을 현실로 실현하는 데에 있어 필요한 단계를 세분화하는 과정이다. 목표를 달성하기 위해서는 실질적인 전략적 행동 계획을 세우는 것이 중요하다. 이를 통해 더 작은 목표를 달성하면서 점점 큰 비전으로 나아갈 수 있다. 목표는 꿈을 실현하는 데에 있어, 이정표 역할을 하며 따라야 할 실질적인 단계를 제공한다. 우리가 꿈을 꾸고 실현하는 데 있어 전통적인 길을 따라야 하기도 하지만, 때론 혁신적인 선택을 해야 하기도 한다. 창의성은 특히 급변하는 세상에서 목표를 달성할 수 있는 새로운 방법을 찾는 데 큰 도움이 된다.

셋째, 변화에 적응해야 한다. 꿈과 목표를 실현하는 과정은 정적이지 않다. 외부 환경과 내적 욕구가 진화함에 따라 지속적인 적응이 필요하다. 정보를 잘 알고 유연하게 유지함으로써 필요할 때 전환하고 장기적인 목표에 부합하는 기회를 잡을 수 있다.

넷째, 자기 성장과 주체성을 갖추어야 한다. 자기 성장은 단순히 목표를 실현하는 것을 넘어서, 끊임없는 자기 발전과 학습을 의미한다. 이는 목표를 달성하는 과정에서 지속적인 자기 성찰과 피드백을 통해 이루어진다. 주체성은 외부의 기대나 규범에 얽매이지 않고, 자신의 가치와 비전을 중심으로 삶을 설계하는 주체적 태도를 의미한다.

이처럼 자기 정보의 주인이 되어 꿈과 비전을 창조하는 삶은, 자신이 원하는 삶을 주도적으로 실현하게 하며, 그러한 과정에서 필요한 정보와 자원을 적극적으로 활용함으로써 꿈과 비전을 적극적으로 실현하여 창조적인 삶을 실현할 수 있게 돕는다.

> ## 자신에게 주어지는 모든 경험을
> ## 〈중·소·감·행〉하게 흡수하라

8

"중·소·감·행"이라는 말이 있다. 그 의미는 바로 "중요하고 소중하고 감사하고 행복하게"라는 말의 약식 표현이다. 고로 "나에게 주어지는 모든 경험을 중·소·감·행 하게 흡수하라"라는 말의 의미는, 살아가면서 나에게 주어지는 모든 경험을 중요하고 소중하고 감사하고 행복하게 흡수한다는 뜻이다. 즉, 인생에서 마주치는 다양한 순간과 사건들이 그 자체로 의미 있고, 나에게 긍정적인 변화를 가져다준다는 믿음을 담고 있다.

이 말은 단순히 모든 경험을 좋게 생각하라는 의미가 아니라, 경험 하나하나에 깊이 감사하고, 그 안에서 가치와 행복을 찾으려는 삶의 태도를 말하는 것이다. 자신에게 일어나고 주어지는 모든 경험을 진심으로 받아들이고, 그 속에서 긍정적인 의미와 배움을 찾아서 내 삶의 일부로 삼고자 하는 삶의 자세를 갖추는 데 있어서 필요한 몇 가지의 주요 사항을 살펴보면 다음과 같다.

첫째, '모든 경험에 대해 중요하고 소중하게 인식하기'이다. "중요하고 소중하게" 경험을 대한다는 것은, 모든 일의 크고 작음에 관계없이 내 삶에 의미 있는 부분임을 인식하는 것이다. 또한, 경험을 통해 얻게 되는 배움과 깨달음이 언젠가 삶에 큰 자산이 될 수 있다는 믿음에서 비롯된다. 때로는 작고 사소해 보이는 경험조차도 삶에 큰 영향을 미치기 때문에 이를 소중히 여기는 것이다. 우리가 겪는 수많은 경험에는 즐거운 일뿐만 아니라, 힘들거나 불편한 일들도 포함된다. 하지만 그 모든 경험이 자신을 성숙 및 성장시키고, 현재와 미래의 자신에게 필요한 자산이 될 수 있다. 작은 일조차도 놓치지 않고 중요하고 소중히 여길 때, 우리는 삶에서 진정한 의미와 가치를 찾을 수 있다. 어떠한 경험이든 그 자체를 내 삶의 일부로 받아들이고 가치를 부여하는 삶의 자세는 매우 중요하다.

둘째, '감사의 마음으로 수용하기'이다. 삶에서 일어나는 모든 일에 감사하는 마음을 갖는 것은, 단지 긍정적인 경험뿐 아니라 어려운 상황에도 감사할 부분을 찾는 노력을 포함한다. 좋고 나쁨을 떠나 모든 경험에 감사하는 태도는, 마음을 더 넓고 여유롭게 해주며, 삶을 바라보는 시각을 확장하여 자신의 삶을 더 의미 있고 충만하게 만들어 준다. 감사는 마음을 긍정적인 방향으로 바꾸는 힘이 있으며, 이는 더 나은 선택과 성장의 기회로 이어질 수 있다. 이처럼 감사는 경험을 통해 얻게 되는 기회와 배움에 대한 인식의 확장을 돕는다.

셋째, '행복하게 느끼기'이다. 모든 경험을 행복하게 느낀다는 것은, 단지 즐겁거나 좋은 일만을 추구하는 것이 아니라 때로는 힘든 순간에서도 자신이 더 강해지고, 성숙해질 수 있는 계기로 삼으며 그 과정 자체를 스스로 의미 있는 행복으로 받아들인다는 것을 의미한다. 좋지 않은 경험 속에서도 배움과 성장을 찾으며, 그 순간조차도 나의 발전을 위한 과정으로 여기고 받아들이는 것이다. 고통스럽거나 괴로운 순간 속에서조차도 작은 긍정적 측면을 발견하고, 그 경험이 나에게 어떤 의미가 있는지를 이해하며 행복을 느끼려 노력해야 한다. 어려운 경험일수록 그 과정에서 내가 얼마나 강해질 수 있는지, 그 경험이 지나간 후에 나에게 어떤 긍정적인 변화가 남을 수 있는지를 인식하며 행복하게 받아들이는 삶의 자세를 말하는 것이다.

넷째, '경험을 통해 성장하기'이다. 경험을 흡수하여 그 경험을 내 삶에 녹여내고, 나의 일부로 만들고자 하는 삶의 자세는 매우 중요하다. 단순히 경험하고 끝나는 것이 아니라, 그 경험을 통해 배운 것, 깨달은 것을 내 삶에 있어서 성장의 과정으로 녹여내는 삶의 태도를 말한다. 긍정적인 경험은 물론이고, 부정적인 경험에서조차도 배움을 찾아서 내 삶의 일부로 만들어가는 삶의 자세는 아무리 강조해도 지나치지 않다. 경험 속에서 깨달은 것들이 쌓이면서 더욱 성숙한 시선과 이해력을 가질 수 있게 되기 때문이다.

다섯째, '현재의 순간에 몰입하기'이다. 현재의 모든 순간에 온전히 자신의 의식과 마음을 집중하고 몰입하는 것 역시 너무나 중요하다. 지나간 일이나 다가올 일에 너무 얽매이지 않고, 지금 자신의 의식이 머물러 있는 이 순간에서의 경험을 제대로 느끼고 누릴 수 있는 마음가짐을 의미한다. 현재의 경험을 오롯이 받아들이며 내 안으로 흡수하기 위해 현재의 지금 순간에 온전히 몰입하는 삶의 태도는 우리의 삶을 더 충만하게 느끼도록 돕는다.

요약하면, 자신에게 주어지는 모든 경험을 감사하고 행복하게 흡수하는 것은, 모든 순간을 소중하게 여기고, 주어진 경험에서 감사와 행복을 발견하며, 그 경험이 내게 가져다주는 성장의 가능성을 흡수하는 것이다. 그리하여 단순히 긍정적인 태도를 갖추는 것뿐만 아니라, 삶을 대하는 우리의 방식과 성장하는 마음가짐을 의미한다. 이는 삶의 모든 순간을 진심으로 받아들이며, 경험을 통해 자신을 끊임없이 더 나은 방향으로 이끌어갈 수 있는 삶의 자세이다.

이처럼 나에게 주어지는 모든 경험을 중요하고 소중하고 감사하고 행복하게 흡수하기 위한 실천에 대해서 뇌과학적 입장에서 살펴보자.

우리의 뇌는 크게 이성 뇌(이성 대뇌), 감정 뇌(대뇌변연계), 생명 뇌(뇌간) 등의 3층 구조로 구성되어 있다. 그중 우리가 살아가면서 경험하는 수많은 경험에 대해서 우선 '이성 뇌'에서 "자신이 살아가면서 겪게 되는 모든 경험은 자신의 성숙과 성장을 위해 중요하다"라는 것을 인정하고 인식해야 한다.

그렇게 되면, 바로 이어서 "그러한 모든 경험은 소중하다"라는 것을 인지하고 받아들이게 된다. 그다음은 "그 모든 경험이 감사하다"라는 것을 느끼고 인정하게 된다.

그리고 즉시 "그 경험들은 모두 행복한 것이다"라는 것을 비로소 온몸의 전율과 감동으로 느끼게 된다.

그러한 과정을 통해 자신이 경험하고 있는 경험의 정보 에너지가 인체 전류 에너지로 변환되어서 어느새 이성 뇌(이성 대뇌)에서 감정 뇌(대뇌변연계)로 그다음은 생명 뇌(뇌간)로 이어지며, 활기·활력의 에너지가 온몸으로 인체 끝까지 뻗치게 된다.

그때 스스로는 물론이고 주변의 사람들도 나를 통해 발산되는 활기·활력의 에너지와 밝은 표정, 더불어 긍정적이고 능동적인 마인드를 느끼고 인정하게 된다.

비로소 나에 대한 평가와 가치가 스스로에게는 물론이고 타인들로부터도 격상되는 것이며, 그로 인해 진정한 신뢰를 얻게 되면서 자신감과 자존감이 향상되게 되는 것이다.

3의 법칙에 따라 소중한 지인들의
심신통합 건강을 도와라

9

3의 법칙에 따라 소중한 지인들의 심신통합 건강을 돕는다는 의미는, 인생을 살아가면서 자신에게 가장 소중하다고 판단되는 세 사람의 육체적·정신적 건강을 도우라는 개념이다. 그 이유는, 자신의 상황을 좋게 만들기 위해서는, 자신의 상태는 물론이고 자기가 함께하고 있는 이들의 상태까지 좋게 만들어야만 가능하기 때문이다. 다시 말해, 나의 상황은 바로 나와 내가 함께하고 있는 이들의 상태에 의해서 결정되는 것이기에, 나의 상황을 좋게 만들기 위해서는, 바로 자신의 상태는 물론이고 자신이 함께하고 있는 이들의 상태까지 모두 좋게 만드는 것이 가장 중요한 핵심 사항이다.

그렇다면 왜 굳이 세 사람을 도우라고 하는 것일까? 그건 바로 '3의 법칙'에 입각해서이다. 여기서 말하는 '3의 법칙'이란, 심리학과 사회학에서도 중요한 개념으로 언급하고 있다. 그건 바로 우리들의 인식에는 세 명 이상의 사람이 모이면 그것을 집단으로 인식하는 경향이 있기 때문이다. 그 때문에 세 명 이상이 함께하는 경우는, 그에 따른 영향력이 타인의 집단행동, 소속감, 사회적 역할의 형성 등에 영향력이 작용하기 시작한다. 그 이유와 이치에 대해서 조금 더 자세히 살펴보면 다음과 같다.

첫째, 세 명 이상의 사람이 모이면 그것을 집단으로 인식한다. 이에 대해 조금 더 자세히 살펴보면, 사람이 두 명이 모일 때는 단순한 대인 관계가 성립되지만, 세 명 이상이 모이면 상호작용의 패턴이 증가한다. 예를 들어, 각각의 개인이 다른 두 명과 다른 방식으로 소통하면서 더 복잡한 관계가 형성되고, 이로 인해 개인보다는 집단으로 인식된다.

또한, 세 명 이상이 모이면 각 개인의 의견 차이, 성격, 역할 분배 등이 발생하면서 특정 목표나 정체성을 가진 집단처럼 보이게 된다. 예를 들어, 모임 내에서 주도적인 사람, 동의하는 사람, 이견을 가진 사람 등 다양한 역할이 생겨나며, 그로 인해 집단 특유의 구조를 형성한다. 끝으로, 세 명 이상이 모이면 상호작용 속에서 사회적 규범이 자연스럽게 형성되며, 이를 통해 집단적인 행동 규칙이나 분위기가 만들어진다. 이로 인해 사람들은 이러한 규범을 보고 집단으로 인식하게 되는 것이다.

둘째, 세 명 이상이 모이면 집단의 정체성이 강화된다. 이에 대해 조금 더 자세히 살펴보면, 두 사람이 있을 때는 각각의 개별 특성이 두드러지지만, 세 명 이상이 모이면 각 개인보다는 집단의 특성에 대한 인식이 커지게 된다. 예를 들어, 특정 모임에 새로운 사람이 참여하면 그 사람은 다른 사람들의 개인적인 특성보다는 전체 모임의 분위기나 성격을 먼저 인식하게 되는 것이다. 그로 인해 개인의 정체성보다 집단의 정체성이 강조되어 집단의 목표나 가치가 개개인의 행동에 영향을 미치게 된다. 이를 통해 개인이 집단의 일원으로서 소속감을 느끼고, 집단의 특성이 개인에게 공유되는 것이다.

또한, 타 집단과의 비교를 통해 자신이 속한 집단에 대한 긍정적 또는 부정적 인식을 형성한다. 이를 통해 내부 결속이 강화되며, 집단 특유의 성향으로 구축되는 것이다.

셋째, 세 명 이상이 모이면 집단 의사결정에 따른 개인의 행동 변화가 강화된다. 우선 세 명 이상이 모이면 책임 분산 효과가 발생하여, 개개인이 가지는 책임감이 줄어들며, 개인의 행동이 집단적인 행동으로 이어져서 집단 의사결정이 형성되고 행동 패턴이 결정된다. 이로 인해 개인이 다수의 의견을 따르는 순응 현상이 나타난다. 이는 집단 내에서 소외되지 않기 위한 심리적 압력에서 기인하며, 집단 내에서 통일된 의견이나 행동을 만든다.

또한, 개인이 독립적인 사고를 하기보다는 다수의 의견에 따르는 경향이 나타나는데, 이를 집단 사고(groupthink)라고 한다.

이로 인해 때로는 비합리적인 결정이 내려지기도 한다.

넷째, 세 명 이상이 모이면 집단의 사회적 역할과 규범이 형성된다. 세 명 이상이 모이면 각자의 역할이 자연스럽게 분화된다. 예를 들어, 리더, 중재자, 실행자와 같은 역할이 생겨나며, 구성원 간의 관계와 의사소통 방식이 달라지면서 집단 특유의 규범이 형성되어 이에 따르지 않는 구성원에게는 은연중에 사회적 압력이 가해진다. 이는 집단 내부 결속을 강화하는 요소로 작용하며, 집단 구성원들은 이러한 규범에 맞추어 행동하려는 경향이 커진다.

또한, 사회적 거울 효과 현상도 나타난다. 집단에서는 각 구성원이 서로의 행동을 보며 자신을 사회적으로 인식하고 평가하게 되는데, 이를 사회적 거울 효과라고 한다. 이러한 상호작용을 통해 집단 내부의 규범과 기대에 맞추려는 행동이 촉진되는 것이다.

위의 내용을 요약하면, 세 명 이상의 사람이 모이면 자연스럽게 집단으로 인식되는 경향이 있으며, 이는 상호작용에 대한 패턴의 다양성 구축, 집단적 규범 형성, 역할 분화 등의 사회적 요인에서 기인한다. 이 과정에서 집단의 정체성이 형성되고, 구성원들은 책임 분산, 다수 의견 순응, 집단 사고와 같은 현상을 통해 집단적 행동을 하게 되는 것이다.

또한, 이미 '3명 이상의 집단의식'과 관련된 심리 실험들은 다양하게 검증되어 있다. 이로 인해 알 수 있는 점은, 세 명 이상의 집단이 형성된 상태의 의식은 개인의 판단과 의식에 쉽게 영향력을 미치게 되며, 이로써 집단 내의 규범과 분위기가 개인의 행동에 강한 영향력을 줄 수 있게 된다. 이러한 현상은 사람들의 집단 내에서의 행동, 태도 형성, 그리고 사회적 역할 분담에 밀접한 영향을 서로 미치게 되는 것이다.

따라서, 자신의 인생에서 가장 소중하다고 판단되고, 가장 중요한 존재라고 판단되는 사람들의 육체적·정신적 건강을 도와서 자신의 상황을 좋게 만들겠다는 결심은, 자신의 삶을 혁신시키는 첫 시작이 될 것이다. 그러한 과정에서 자신의 상태는 물론이고 자기가 함께하는 이들의 상태를 좋게 도울 수 있으며, 그렇게 시작되고 구축된 나의 인연과 인맥은 그 어떠한 인적 시스템보다도 가치 있고 나를 지켜주는 든든한 기반이 될 것이다.

그러한 노력에서 시작된 자신의 인적 인프라는 점점 더 큰 집단의 의식이 되고, 나아가 집단의 생활 습관이 되고, 더 나아가서는 집단의 생활문화가 되어 자신과 자신이 함께하는 집단의 고유한 브랜드가 될 것이다.

바로 개인은 개인의 '퍼스널 브랜드' 그리고 집단은 집단의 '고유 브랜드'가 구축되는 것이다. 이 얼마나 멋진 모습인가? 그 때문에 자신과 자신이 함께하고 있는 이들의 상태를 좋게 만드는 것을 도와서 자신의 상황을 좋게 만드는 변화의 시작을 지금부터 당장 시작하자.

그리고 그러한 사람들이 한 사람씩 이와 같은 행보에 동참할 수 있도록 서로가 노력하여 점점 더 많은 사람이 자신의 삶을 변화시킬 수 있도록 돕는 과정에서, 우리 사회는 집단적인 의식혁명과 생활문화 혁명이라는 놀라운 변화의 경험을 다 같이 하게 될 것이다.

> ## 누구를 자주 만나는 지가
> ## 인생의 격차를 결정한다

～～ 10 ～～

누구를 자주 만나는지가 인생의 차이를 만든다는 말은 자신이 주로 교류하며 시간을 보내는 사람들의 성향과 가치관, 행동 등이 결국 자기 인생의 방향과 삶의 질에 중요한 영향력을 미친다는 것을 말한다. 이러한 개념은 심리학과 사회학에서도 중요한 주제이며, '사회적 영향력'과 '주변 환경'의 역할을 강조하는 다양한 연구 결과들 역시 많이 쏟아지고 있다. 이에 대해 조금 더 깊이 있게 살펴보면 다음과 같다.

첫째, '상대에 따른 모델링 및 사회적 학습' 부분이다. 우리가 자주 접하는 사람들은 나 자신에게 영향을 미치는 모델 역할을 한다. 심리학자 알버트 반두라(Albert Bandura)의 '사회적 학습 이론'에 따르면, 사람들은 타인의 행동을 관찰하고 모방하면서 배우게 된다. 예를 들어, 주변에 긍정적이고 도전적인 사람들로 채워진다면 그들의 열정, 성취 욕구, 문제 해결 방법 등이 나에게도 영향을 미치게 된다. 반대로, 주변에 부정적이거나 자기 연민에 빠진 사람이 많다면 그에 따른 영향력을 받게 되는 것이다.

둘째, '사회적 규범과 기대' 부분이다. 우리가 속한 집단은 다양한 암묵적 규범과 기대를 형성한다. 예를 들어, 친한 친구나 직장 동료가 꾸준히 자기계발에 힘쓰고 새로운 목표를 세우는 사람들일 때, 나 역시 그러한 분위기에 동참하고자 하는 동기부여를 더욱 자연스럽게 느끼게 된다. 반면에 변화나 성취에 무관심한 사람들 사이에 있을 때는 자신도 비슷한 태도가 될 가능성이 매우 크다.

셋째, '공유된 가치관과 그에 따른 태도 형성' 부분이다. 사람은 본래 사람들과의 유대감 속에서 심리적 안정을 찾는다. 그 때문에 함께 시간을 많이 보내는 사람끼리 상호 가치관이나 태도가 서로 닮아가는 경향이 있다. 예를 들어, 열정적인 친구들이 주변에 있다면 자신도 덩달아 자신감 있고 적극적인 성격으로 변해갈 가능성이 크다. 반대로, 주변 사람들이 어떤 일에 대해서 부정적인 시각을 가지고 있다면 자신도 무의식적으로 그에 대해 부정적인 시각을 내면화하게 되는 경우가 상당수다.

넷째, '동기부여와 책임감' 부분이다. 목표 지향적인 친구들이나 동료들과 함께 있을 때는 자연스럽게 서로를 응원하고 지원하게 된다. 이는 더 높은 성취를 이루려는 동기로 이어질 수 있으며,

그들이 성취를 위해 노력하는 모습을 볼 때 나도 열심히 해야겠다는 생각을 자극받게 된다. 특히 함께 성장할 수 있는 커뮤니티가 있다면 성취에 대한 압박감이 줄어들고, 긍정적 동기부여가 지속되며, 목표 달성에 대한 책임감을 스스로 느끼게 된다.

다섯째, '환경이 가져오는 자원 및 기회' 부분이다. 자주 만나는 사람들은 나의 생활 환경에 간접적으로 큰 영향을 미친다. 예를 들어, 새로운 비즈니스 아이디어를 공유하거나, 업무 기회를 소개하거나, 자기계발 서적이나 유익한 정보들을 서로 추천해 줄 수도 있다. 이는 자신이 새로운 시도를 하고 발전하는 데 실질적인 자원 및 기회가 되어준다.

그 외에도 삶을 살아가면서 긍정적인 영향을 미치는 사람들과 함께하기 위한 팁을 살펴보면, 가장 먼저 자기 성찰을 통해 어떤 가치관을 가진 사람들과 교류할 것인지를 깊게 고려하여 선택해야 한다. 즉, 자신이 어떤 목표를 달성하고 싶은지 그리고 이에 긍정적 영향력을 줄 수 있는 사람은 누구인지 등을 염두에 둬야 하는 법이다.

또한, 항상 성장과 배움을 지향하는 환경에 자기 자신을 놓아두어야 한다. 예를 들어, 자기계발 모임, 독서 모임 등에서 긍정적 영향력을 가진 사람들과 자연스럽게 연결될 수 있다.

더불어 자신의 인간관계를 정기적으로 점검해야 한다. 어떠한 인간관계가 자신의 성장에 방해되거나 부정적 영향을 미치는지를 평가해 보고 필요에 따라 관계의 밀도를 조정해야 한다.

요약하면, 자신이 누구를 자주 만나는가는 일종의 환경적인 설정이다. 자기 자신이 다른 사람들에게 긍정적 영향을 주는 사람이 되기 위해 항상 노력하면서, 늘 좋은 관계를 선택하고 인연을 확장해 나간다면, 인생은 더 만족스럽고 성장하는 방향으로 나아가게 될 것이다.

위의 내용을 뒷받침하는 좋은 사례를 보면, 바로 대중들에게 유익함을 주는 도서에 대한 〈북 스터디〉이다. 이러한 〈북 스터디〉는 온라인 방식의 원격 〈북 스터디〉와 오프라인 방식의 〈북 스터디〉가 있다. 이를 통해 독자들끼리는 서로의 관심사에 대한 깊은 통찰과 실천 노하우 교류, 단순한 정보 교환을 넘어서 강력한 동기부여와 인생의 방향성 교류 등으로 상호 실질적인 도움을 주고받을 수 있다. 그에 대한 구체적 효과를 살펴보면 다음과 같다.

첫째, 최신 지식과 실천 전략의 습득에 도움이 된다. 건강한 습관 형성, 자기 효율성 향상, 스트레스 관리 등 다양한 주제를 바탕으로 각자가 가지고 있는 통찰을 상호 공유한다. 그러한 교류를 통해 책에 담긴 이론뿐만 아니라, 실제 어떤 방식으로 생활에 적용하는지를 직접 듣고 배울 기회가 제공된다. 예를 들어, 단순히 "운동이 중요하다"라는 말보다 저자가 추천하는 구체적인 루틴, 건강한 식단, 스트레스 관리법 등 실질적인 방법 등을 실생활에 어떻게 녹여낼지를 서로 배울 수 있다.

둘째, 목표와 동기부여 강화에 도움이 된다. 〈북 스터디〉를 통해 목표 설정과 실천 계획 수립, 목표에 어떻게 도달할 수 있는지, 좌절 등을 어떻게 극복할 수 있는지 등에 대해 배울 수 있다. 이런 경험은 우리가 목표에 더 집중하고 동기를 부여받는 데 있어 매우 의미 있는 도움이 된다. 더불어, 서로가 공유하는 성공 사례나 구체적인 피드백은 목표를 더 분명하게 인식하고 실천을 지속하도록 돕는다.

셋째, 개인 맞춤형 조언을 얻을 기회의 도움을 받는다. 책에서는 일반 독자들을 대상으로 다소 보편적이고 넓은 개념을 설명하게 되지만, 직접 구독자들끼리 함께하는 〈북 스터디〉를 통해 각자 자신의 상황에 맞춘 맞춤형 조언을 얻을 수 있다. 예를 들어, 바쁜 일정 속에서도 어떻게 목표 달성을 위해 노하우를 적용하며 실천할 수 있는지에 대한 구체적이고 개인화된 조언을 들을 수 있다. 이는 실천 가능성과 효율성을 더욱 높여 주는 기회가 된다.

넷째, 성공적인 커뮤니티 형성에 도움이 된다. 예를 들어, 〈자기경영 헬스케어〉에 관심이 있는 사람들과 함께하는 모임이나 정기적 만남은 건강한 습관과 자기계발 목표를 공유할 수 있는 커뮤니티를 형성하는 데 도움이 된다. 그로 인해 서로에게 영감을 주고받으며 실천을 유지하기 쉬워진다. 또한, 건강한 생활 습관을 목표로 하는 그룹에서는 식단 조언, 운동 성과 공유, 일상의 관리 노하우 등을 통해 성취감을 높일 수 있다.

다섯째, 네트워크와 기회의 확장에 도움이 된다. 〈북 스터디〉를 통해 공통적인 관심사의 사람들과 함께하는 정기적 모임이나 만남은 자연스럽게 다양한 사람들과 네트워크를 형성하는 기회로 이어질 수 있다. 그로 인해 같은 목표를 가진 사람들과 교류하면서 새로운 기회를 찾거나 서로의 목표를 응원할 수 있는 관계가 형성된다. 이런 네트워크는 새로운 프로젝트를 시작하거나, 직장 및 개인 생활에서 협력 기회를 확장하는 데 중요한 자산이 될 수 있다.

이처럼 양질의 도서를 통한 자기 성장에 관심이 있는 사람들과 함께하는 〈북 스터디〉를 최대한 효과적으로 활용할 수 있는 몇 가지 팁을 살펴보면,

첫째, 사전 학습과 질문 준비를 통해 책을 미리 읽고 공부하여 궁금한 점이나 자신의 상황에 맞는 질문을 준비한다. 이를 통해 깊이 있는 대화를 이끌 수 있기 때문이다.

둘째, 실천 가능한 목표 설정을 통해 서로 조언이나 추천 사항을 참고하여 자신이 실천 가능한 목표를 설정하고 꾸준히 실천해 본다.

셋째, 가능하다면 이러한 교류를 단발적 만남에 그치지 않고, 정기적으로 업데이트하면서 자신의 목표 진행 상황 등에 도움을 주고받는다.

결론적으로, 이러한 〈북 스터디〉 모임을 통한 정기적 만남은 독자 자신을 더 높은 단계로 이끌어주는 동력으로 작용한다. 또한, 이러한 과정을 통해 얻는 경험과 조언 등을 통해 목표에 대한 명확한 방향성을 얻고, 새로운 도전을 위한 동기를 부여받을 수 있기에 자신을 성장시키는 데 있어 서로에게 유익한 기회가 되는 것은 명확하다.

Part. III

⟨자기경영 헬스케어⟩ 생활 속 실천

활용편

1

아침에 기상하면, 바로 실천 가능한 〈인체 에너지 충전〉 모닝 루틴을 시작해 보자. 그와 함께 〈파워 마인드 셋〉이 가능한 모닝 루틴도 함께 실천하도록 한다. 아마 무척 놀라운 속도의 활기·활력의 효과를 경험하게 될 것이다.

먼저 아침에 일어나서 가장 먼저 할 일은 뜨끈한 물로 입안을 헹구고 뱉기를 3번 반복한다. 그리하여 밤사이 입안에 고여 있는 몸 안의 독소를 몸 바깥으로 깨끗하게 배출한다. 그런 다음 작은 컵에 뜨끈한 물(약 75도 정도)을 담아서 그것을 마셔 준다. 열 에너지는 전자들의 운동에너지가 초당 약 150만 번 정도 되는 놀라운 전자들의 운동에너지가 내포되어 있다. 따라서 우리가 뜨끈한 물을 마시고 나면, 바로 그 즉시 인체에 필요한 에너지가 충전되는 것이다.

　그다음은 바로 이어서 인체 운영체계 1단계인, '충전 자세'를 실시한다. 우선 고개의 각도를 20° 정도 가볍게 상향으로 들어 올려서 기도를 열어준 상태에서 양손을 허리에 올리고 원더우먼 자세를 취해준다. 그렇게 하면 윗배 위치의 '중완혈' 부위가 활짝 펴진다. 그렇게 중완혈 부위에 집중하면서 지긋이 숨을 참았다가 내쉬며 중완혈 부위에 에너지를 충전시킨다. 그 즉시 횡경막 아래까지 숨이 깊어지면서 한 호흡당 몸으로 흡수되는 산소량이 놀랍도록 증가된다. 그로 인해 혈액순환이 촉진되며, 뇌로의 혈류도 증가하면서 머리가 맑아지고 활력이 생기게 된다. 또한, 자신감을 높이는 호르몬인 테스토스테론의 분비가 급격히 높아져 의욕이 일어나며, 스트레스를 유발하는 호르몬인 코르티솔의 분비가 급속히 낮아짐으로써, 마음이 안정되고 완화되어 스트레스가 해소된다.

　다음은 인체 운영체계 2단계인, '충전 표정'을 실시한다. 충전 표정을 지으면 즉시 기분 좋은 느낌이 일어난다.

　우선 먼저 광대뼈 아래의 '교근'에 집중하고, 입꼬리를 최대한 귀에 걸듯 옆으로 당겨 올리며 "이~!"라는 의성어를 짧고 굵게 발성하며 교근에 기압을 충전시킨다.

　그런 후 눈을 질끈 감고 콧잔등을 찡긋하며 코 옆의 얼굴 근육을 위로 뻗쳐 올리는 표정과 함께 비강 안으로 "큰~!"라는 의성어를 짧고 굵게 발성하며 비강에 기압을 충전시킨다.

다음은 두피에 집중하고 "힘~!!"이라는 의성어를 짧고, 굵게 발성하며 두피에 기압을 충전시킨다. 이때의 표정은 진짜 기쁠 때 짓는 환한 표정이 절로 된다.

끝으로 뇌에 집중하고 "큼~!!"이라는 의성어를 짧고 굵게 발성하며 뇌에 기압을 충전시킨다. 이러한 단계 속에서 진행되는 사운드 테라피 방식의 충전 표정은 짧은 시간에 전율과 함께 아주 강렬한 에너지 충전과 더불어 기쁨의 느낌을 경험하게 한다. 얼굴의 각 부위(교근, 비강, 두피, 뇌) 별로 필요한 에너지 충전을 각 부위에 맞는 의성어 소리를 통해 충전하는 과정에서 자연스럽게 밝은 표정이 되고, 더불어 활기·활력 증진과 함께 용기와 자신감이 생기게 된다.

첫째, 교근에 집중하고 '이~!'라는 소리를 통해 '교근'에 기압을 충전시킨다.

둘째, 비강에 집중하며 '큰~!'이라는 소리를 통해 '비강' 내에 기압을 충전시킨다.

셋째, 두피에 집중하며 '힘~!'이라는 소리를 통해 '두피'에 기압을 충전시킨다.

넷째, 뇌에 집중하며 '큼~!'이라는 소리를 통해 '뇌'에 기압을 충전시킨다.

그다음은 인체 운영체계 3단계인, '충전 스피치'를 실시한다. '충전 스피치'는 말을 통해 자기의 생각 에너지는 물론이고 육체적 에너지도 함께 충전되도록 하는 스피치 방법이다. 이러한 '충전 스피치'는 자신이 원하는 생각에 집중하고, 그에 대한 실감을 강렬하게 느끼면서, 그 느낌을 말로 표현하는 것이 핵심이다. '충전 스피치' 방법으로 말을 할 때는, 비강과 단전 그리고 손과 발에 항상 동시에 힘이 들어가는 것이 특징이다. 이러한 과정에서 온몸에는 강렬한 전율과 감동이 일어나며, 동시에 육체적·정신적 에너지 충전이 매우 빠르게 일어나게 된다.

그리고 '충전 스피치'를 할 때, 대표적으로 〈자기경영 선언문〉을 조용히 소리를 내며 암송하는 것도 매우 효과적이다.

나는 나를 사랑한다.
나는 나를 돕는다.
나는 나와 가족과 국가와 인류를 도울 수 있는
내가 될 수 있도록 나를 돕는다.
나는 나와 가족과 국가와 인류를 돕는다.
나는 나에게 주어지는 모든 경험들을 중요하고
소중하고 감사하고 행복하게 흡수한다.
나는 할 수 있다.
나는 잘할 수 있다.
된다.
됐다.

이처럼 기상 후 〈자기경영 선언문〉으로 '파워 마인드'를 세팅하는 것은 하루를 시작하며, 강력하고 긍정적인 마음 상태를 준비하는 데 있어 매우 탁월한 방법이다. 이러한 〈자기경영 선언문〉은 자신의 목표와 방향을 상기시키고, 의식적인 부분에 있어서 삶을 어떻게 살아갈 것인지 다짐하는 강력한 문구들로 구성되어 있다. 이러한 〈자기경영 선언문〉 암송을 통해 살아가면서 육체와 정신의 시스템이, 어떠한 경우라도 중요하고 소중하고 감사하고 행복하게 받아들이며 흡수하겠다는 삶의 마인드를 갖출 수 있다. 이처럼 아침에 일어나서 〈자기경영 선언문〉'충전 스피치'를 통해 암송하는 습관은 심리적, 정서적 측면에서 매우 탁월한 효과를 가져다줄 뿐만 아니라, 개인의 생산성과 정신적 건강을 증진하여서 하루를 더욱 능동적이고 긍정적으로 목표를 향해 나아가게 돕는다.

그와 함께 인체 운영체계 4단계인, '충전 호흡'을 실시한다. 충전 호흡은 인체에 필요한 육체적 에너지 충전을 초고속으로 가능하게 한다. 충전 호흡은 들숨, 멈추기, 날숨 등의 3단계 과정을 반복함으로써 이루어진다. '충전 자세'와 '충전 표정'을 기반으로 하는 '충전 호흡'의 들숨 시, 자연스럽고 가볍게 비강과 아랫배 단전까지 들이마신다. 그리고 비강 내에 공기를 압축시키기 위해 미소를 활짝 지은 것 같은 충전 표정을 지으며 잠시 숨을 멈춘다. 그렇게 기분이 좋아질 정도로 복부와 손과 발, 두피 및 온몸에 꽉 차오르는 압력이 느껴질 정도로 숨을 잠시 멈추었다가,

내쉬는 숨을 통해 온몸에 응축시켰던 에너지를 교근, 비강, 두피, 뇌, 손, 발, 복부 등으로 밀어 넣어 충전시킨다. 이러한 충전 호흡은 뇌가 필요로 하는 산소 공급을 늘려준다.

또한, 흉곽 내의 압력이 음압으로 형성되었다가 말초신경계로 서서히 산소가 퍼져 가는 효과가 나타나며, 특히 날숨 시 말초혈관이 확대되어 혈액이 조직이나 세포 속으로 더 스며 들어가게 함으로써 세포나 조직 속으로 혈액순환을 촉진하여 산소 공급이 증진되는 효과를 준다.

그뿐만 아니라 호흡 시 비강 내의 상피세포로 흡수되는 용존 산소량을 늘려주고, 뇌간의 중심부에 있는 쾌락 중추를 활성화하여 강렬한 기쁨을 느낄 수 있게 한다. 그럼으로써 육체적 에너지 충전과 함께 의식의 상태를 조절할 수 있게 해준다. 그러다 보니 충전 호흡은 우리가 아주 기쁜 일이 생겼을 때 자신도 모르게 행해왔던 호흡의 상태와 유사하다.

이처럼 '충전 호흡'은 교근, 비강, 두피, 뇌, 손, 발, 단전 등 인체 주요 부위 7곳에 기압을 충전하여 초고속 인체 에너지 충전이 가능하게 해준다.

끝으로 인체 운영체계 5단계인, '충전 동작'을 실시한다. 충전 동작은 초고속 인체 에너지 충전 및 순환을 증진한다. 총 3단계로 되어 있는 충전 동작을 통해 활기·활력의 상태가 더욱 증폭된다.

우선 충전 동작 1단계를 통해, 두 주먹을 꽉 쥐고 두 팔을 힘차게 흔들며 온몸의 에너지 충전을 상승시킨다. 이때 고개는 20도 정도 상향으로 들어 올려서 기도를 열어준다.

다음은 충전 동작 2단계를 통해, 꽉 쥔 두 주먹의 손가락을 창 끝처럼 뻗쳐 펴서 더욱 강력하게 손에 에너지를 충전시킨다.

끝으로 충전 동작 3단계를 통해, 뻗친 손가락을 피아노 건반을 치는 듯한 손가락 모양으로 손가락을 뻗쳐서 마치 피아노 건반을 빠르게 치듯 10개의 손가락에 힘을 주고 빠르게 10초가량 움직여주면서 인체 에너지 충전을 극대화시킨다. 이때 강렬한 전율과 함께 실제 꿈과 목표가 실현되어 있는 실감과 함께 감사함을 온몸으로 느끼게 된다.

이처럼 기상 후 3분간 실천하는 "파워 충전 모닝루틴"을 통해 〈인체 에너지 파워 충전〉과 〈파워 마인드 셋〉으로 빠르고 매우 효과적인 활기·활력의 효과를 경험해 보자. 그로 인해 감성 뇌의 편도체는 급격히 안정되고 이성 뇌의 전전두엽 기능은 매우 활성화되어 미래기억에 대한 집중력 향상과 함께 원하는 것이 이루어진 상황에서만 실행 가능한 표정과 호흡, 말과 행동이 자연스럽게 습관화되어 갈 것이다. 그러한 과정을 통해 삶에 대한 자신감 회복은 물론이고 긍정적 사고는 생활화될 것이다.

자기 전 미라클 실천 10분
– 하루 리마인드 뇌 클리닉 〈중·소·감·행〉 일지 쓰기

"

~~~ **2** ~~~

자기 전 10분 동안 '뇌 클리닉 〈중·소·감·행〉일지'를 쓰는 것은 하루를 돌아보며, 그날 있었던 수많은 상황에 대해 어떤 것이 중요했고 소중했으며, 아울러 감사하고 행복했는지에 대해서 되돌아보고 스스로 정리하는 시간이다. 그러한 과정을 통해 스스로 반성도 하며, 결국은 긍정적인 마인드의 상태에서 하루를 마무리하며 잠자리에 들 수 있도록 하는 매우 중요한 과정이다. 이러한 '뇌 클리닉 〈중·소·감·행〉일지'는 하루 동안의 경험을 정리하고, 마음을 정화하며 내일의 목표를 새롭게 세우는 시간으로써, 마치 뇌의 '디톡스' 역할을 한다. 이처럼 하루를 되돌아보고 정리하는 습관은 긍정적인 마인드를 유지하고 자기 발전을 지속하는 데 있어 매우 큰 도움이 된다.

다음은 '뇌 클리닉 〈중·소·감·행〉일지'에 대한 기본 구성과 그에 따른 네 가지 핵심 항목을 알아보자.

첫째, 하루에 대해 어떤 것이 중요하고 소중하고 감사하고 행복했는지를 구별하여 작성해 본다. 결국은 하루의 일과에 대한 감사함과 행복함으로 인식하고 모든 것을 의미 있고, 가치 있는 경험이었음을 스스로 인식하고 하루를 마감하는 시간이다. 예를 들어, 누군가와 행복한 시간을 보낸 일, 일에서 성과를 인정받은 일 또는 생각지도 않았던 힘들고 당혹스러웠던 일 등 자신이 원하는 상황이든, 자신이 원치 않는 상황이든 상관없이 모든 것은 자신의 성숙과 성장에 있어 매우 중요하고 소중하고 감사하고 행복한 의미 있는 과정임을 스스로 이해하고 받아들이는 시간이다. 이러한 시간은 스스로 스트레스를 줄이는 건 물론이고, 회복 탄력성을 향상하는 데에 매우 탁월한 효과가 있다.

둘째, 하루에 대한 성찰과 교훈을 작성한다. 오늘 있었던 경험 중 특히 의미 있거나 배울 점이 있었던 일, 새로운 경험을 통해 시행착오를 겪었지만 배움의 기회가 되었던 점 등을 기록한다. 예를 들어, 일과 중 조급함 때문에 성급하게 일을 처리하여서 큰 실수를 저지르게 됨으로써 인내심의 중요함을 깨달은 경우, 자신이 옳다고 생각하고 무작정 밀어붙인 일이 실수로 돌아와서 그에 대한 잘못을 자각한 경우, 자신의 독선적인 아집에 의해 고집을 부리던 상황이 결국은 자신에게 불이익으로 돌아오는 경험을 하게 된 경우 등 그러한 모든 경험을 통해서 스스로 중요한 자각이 있었던 점 등을 구체적으로 쓰면 좋다.

셋째, 오늘의 성공과 성과를 작성한다. 자신이 오늘 해낸 성과나 작은 승리를 적는다. 성과는 크든 작든 자신을 인정하고 자존감을 높이는 중요한 요소이다. 예를 들어, 그날 끝까지 노력해서 잘 마무리한 부분, 자신과의 약속 등을 끝까지 실천하여 목적 달성을 해낸 점, 타인에게 조건 없이 베풀었던 순수한 도움이 결국 자신에게 결정적인 도움으로 다시 되돌아오는 경험을 하게 되는 감동의 순간 등이 좋은 예이다.

넷째, 개선하고 싶은 부분을 작성한다. 하루 동안 아쉬웠던 점이나 반성되는 부분, 그리고 다음날 더 잘하고 싶은 부분을 솔직하게 기록한다. 예를 들어, 실수로 인해 많이 반성되고 각성되었던 점, 시도했지만 안타깝게 원하는 결과가 나오지 않은 부분에 대해서 스스로 분석해 보고 다시 시도하며 도전하겠다는 다짐 등을 적어 보는 것이 좋은 사례이다.

이러한 '뇌 클리닉 〈중·소·감·행〉일지'가 주는 효과는, 스트레스 해소 및 정서의 안정을 가져다준다는 점이다. 하루를 돌아보며 긍정적인 감정을 키우고, 아쉬운 점은 인정하고 털어놓는 과정을 통해 스스로 스트레스와 긴장을 풀 수 있으며, 아울러 정서적인 안정감도 얻어 숙면에도 도움이 된다.

또한, 자기 성장과 목표를 재정비하는 등 하루 동안 임하면서 무엇을 배우고 깨달았는지, 어떤 점이 부족했는지 등을 스스로 점검하면서 지속적인 성장과 발전을 위한 자기 인식력을 높일 수 있다. 그뿐 아니라 그날 하루 동안의 작은 성과라도 되새기고 인정하면서 성취감과 자기 효능감을 올리게 되면서 긍정적인 자아상을 형성해 나간다. 그리고 자기수용과 균형감각을 향상하여 실패나 실수에 대해 부정적 반응보다, 다음 날 개선할 수 있는 부분을 즉시 인정하고 실천하면서 균형 잡힌 사고방식을 유지하게 된다.

이와 같은 '뇌 클리닉 〈중·소·감·행〉일지'를 더욱 효과적으로 실천하고 활용할 수 있는 방법이 있다.

첫째, '일정한 시간에 쓰기'이다. 잠들기 전 10분을 고정된 자기성찰 시간으로 만들어 일관성을 유지해야 한다. 이는 뇌가 점차 이 시간을 심리적 정리 시간으로 인식하게 만들어 더욱 편안한 수면을 유도할 수 있다.

둘째, '핵심 사항을 간결하게 기록하기'이다. 너무 길게 쓰기보다는 하루의 주요 부분만 간결하게 요약하여 쓰면 부담이 적고 꾸준히 이어갈 수 있다.

셋째, '감정에 솔직해지기'이다. 일지를 쓸 때는 다른 사람의 평가나 외부의 시선에서 벗어나 자신의 감정과 생각을 솔직히 표현하는 것이 중요하다. 이렇게 해야 진정한 감정 정리와 성장에 도움이 된다.

넷째, '긍정적인 마무리 문구로 작성하기'이다. 마지막으로 긍정적인 자기 다짐이나 감사의 말을 적으면, 더 좋은 기분으로 잠들 수 있다. 예를 들어, "오늘도 최선을 다했으니 이제 편안히 잠들자." 또는 "내일은 더욱 성장할 것이다." 등과 같은 마무리 문구가 좋다.

이처럼 자기 전 10분 '뇌 클리닉 〈중·소·감·행〉일지'를 작성하는 시간은 하루를 마무리하며 자신과 대화하는 너무나 중요하고 소중한 시간이다. 하루의 경험을 돌아보고 반성하며, 새로운 결심을 다지면서 뇌를 클리닉 할 수 있기 때문이다. 그러므로 인해 강력한 자기관리의 도구가 될 수 있다.

기적을 일으키는 10초의 힘을 활용하라

~~~ 3 ~~~

인간은 반응의 동물이다. 상대 또는 각각의 상황에 따라 사람이 보이는 반응은 엄연히 상대적이다. 어쩌면 그것은 너무나 당연한 법이다. 사람들은 흔히 상대에 따라 반응하는 것이 다른 것을 놓고 차별을 하는 것이라 표현하기도 한다. 하지만 그것은 지극히 자연스러운 것이라 할 수 있다. 다시 말해, 상태가 다른 상대에 따라 또는 매번 변화무쌍하게 변화하는 상황에 따라 사람의 반응이 똑같을 수 없는 것은 어쩜 너무나 당연하다.

하지만 그렇게 서로 주고받는 상호 간의 반응 속에서도 항상자신의 상태를 스스로가 원하는 상태로 조절하고 관리하는 것은 너무나 중요하다. 그야말로 매 순간 기뻐하고 감사하고 행복한 상태가 될 수 있으려면 말이다. 아마도 사람들 대부분은 그렇게 만 될 수 있다면 당장 실천할 테니, 어떻게 하면 그것이 가능한지 그 방법이 무척 궁금할 것이다.

그에 대한 방법은 바로, 자신의 의식이 매 순간 어디에 집중되어 있는지를 알아차려서 자신의 의식이 원하는 생각과 내용에 집중하고 반응하도록 스스로를 조절하는 노력과 연습이다. 다시 말해, 자신이 원하는 반응이 스스로에게서 일어날 수 있도록 자기가 원하는 생각에 집중하며 스스로 상태를 조절하고 관리하는 것이다. 그러기 위해서는 그럴 수 있는 활기찬 육체의 상태가 되도록 항상 관리하고 있어야만 한다.

그러한 상태를 스스로 조절하고 만들기 위해서 "기적을 일으키는 10초의 힘을 활용하는 방법"을 안내하고자 한다. 이러한 '10초의 힘'은 짧은 순간의 집중력과 실천을 통해 놀라운 변화를 일으킨다. 이는 짧은 10초 동안 자신의 목표를 집중하여 목표 실현을 위한 강력한 상태와 그에 따른 창조력을 발현할 수 있게 한다. 간단하지만 강력한 방법을 통해 자신에게 동기를 부여하고 중요한 목표를 실현하도록 하는 것이다. 그에 대해 어떻게 구체적으로 활용할 수 있는지를 상세히 살펴보자.

첫째, '10초의 힘'에 대한 가치 부분이다. 10초 동안 마음속에 목표를 떠올리고 그에 따른 행동을 즉각적으로 행한다. 10초라는 시간은 비록 짧지만, 결심을 실행에 옮기는 데 있어 매우 알찬 최소의 시간으로 활용할 수 있다.

또한, 우리의 뇌는 새로운 도전이나 변화에 앞서 방어기제를 작동시키기 때문에, 머뭇거리며 주저하는 시간이 길어질수록 행동으로 옮기기 어렵다. 그 때문에 10초의 시간은 이러한 부분에서 즉시 행동으로 옮기는 데 있어 주저함을 극복하게 한다. 그뿐 아니라 비록 10초 동안의 실천이라 할지라도 매일 그리고 수시로 반복되면 엄청난 변화를 가져올 수 있다. 10초 동안의 작은 실천이 쌓여 결국 매우 큰 성취의 발판이 되는 것이다.

둘째, '10초의 힘'을 활용하는 방법 부분이다. 중요한 목표나 결심을 10초 동안 강렬하게 집중하여 목표나 결심이 실현되어 있는 상황에서 일어나는 자신의 반응을 온몸과 마음으로 표현한다. 그리고 그러한 순간에서 느껴질 감정과 느낌을 10초라는 짧은 시간에 온몸으로 느끼고 표현한다. 그때 매번 작은 소리로 스스로가 내뱉는 말은 가급적 일정해야 좋다. 예를 들어, "그래, 됐다. 감사합니다.", "이루어져서 너무나 감사합니다." 등과 같이 말과 표정, 호흡, 동작 등을 적극적으로 함께 표현하는 것이다.

그 외에도 '10초의 힘'을 활용하는 경우는 다양하다. 예를 들어, 운동을 미루고 싶을 때, 10초 동안 "내 건강을 위해 지금 바로 시작하자."라고 다짐하고, 바로 운동을 시작하며 즉각 행동하는 것에 초점을 두는 것이다. 또한, 10초 동안 자신에게 긍정적인 말을 걸어 동기를 부여한다. "나는 할 수 있다.", "이 순간이 중요하고 소중한 기회다." 등과 같은 간단한 문구로 자신을 격려하면 시작의 두려움을 줄일 수 있다.

끝으로 매일 정해진 시간에 10초 동안 자신이 이루고 싶은 목표를 상기하고, 이루어진 실감을 느낀 후 그것을 현실에서도 실현하겠다는 결심을 강화하는 습관을 구축시킨다. 기상 직후, 업무 시작 전, 자기 전 등 특정 상황에서 하루의 목표를 되새기며 다짐하는 것도 매우 좋다.

셋째, '10초의 힘'이 주는 효과 부분이다. 10초의 실천을 통해 행동력이 강화되면, 결단력이 길러지고 일상에서 결정해야 할 상황에서 망설임 없이 선택하는 힘이 생긴다. 매일 10초 동안의 작은 실천을 통해 성취감을 누적시키면 스스로에 대한 신뢰가 높아지고 자신감을 얻게 된다. 또한, 10초의 시간을 사용해 다짐하고 바로 행동으로 옮기면 불필요하게 고민하고 망설이느라 허비하는 시간을 줄여 시간의 효율성을 극대화할 수 있다.

그뿐 아니라 짧은 시간 안에 최대의 효과를 내는 집중력도 함께 길러진다. 그처럼 작은 행동이지만 꾸준히 실천하면 하나의 긍정적인 습관으로 자리 잡아서, 이는 더 큰 변화를 만드는 원동력이 된다.

넷째, '10초의 힘'을 실천하기 위한 팁 부분이다. 10초 동안 결심하고자 하는 목표를 명확히 하고, 그 목표가 자신에게 중요한 이유를 기억한다. 목표가 구체적일수록 실행에 옮기기 쉬워진다. 중요한 일 앞에서 긴장이 된다면, 10초 동안 심호흡을 하면서 자신을 준비시키는 시간을 갖는다. 이 시간을 통해 불안을 줄이고 심리적 안정감을 얻어 자신에게 필요한 심리적 준비를 할 수 있다.

또한, 불안이나 걱정이 떠오를 때, 10초 동안 의도적으로 긍정적인 말로 대체해 자신에게 되뇌어 순간적으로 심리 상태를 바꾸는 데 있어 큰 도움이 된다. 그리하여 부정적인 생각을 긍정으로 전환하게 된다. 이처럼 "기적을 일으키는 10초의 힘"은 작은 결단과 행동이 지속해서 쌓였을 때, 우리의 삶에 큰 변화를 가져올 수 있다. 즉각적으로 행동하는 이 짧은 시간 동안의 실천이 반복될수록 자신에 대한 신뢰와 성취감은 점차 커져 더 큰 목표를 이루는 발판이 된다.

　이처럼 10초의 시간을 활용하여 자신이 원하는 상황에 있는 듯한 생각과 느낌과 행동을 통해 실감하며 몸과 정신의 에너지를 충전하는 방법은 다양한 경우에 실천할 수 있다. 예를 들어, 일하다가도 잠시 멈추고 집중하는 짧은 순간에도, 엘리베이터를 혼자 기다리는 순간에도, 엘리베이터를 타고 해당 층으로 올라가는 짧은 순간에도, 차를 타고 가다가 잠시 신호대기 하는 순간에도, 길을 가다가도 조금은 인적인 드문 공간을 지나가는 그 순간에도, 언제 어디서든 10초 정도의 순간은 자신이 원하는 것이 실현되어 있는 느낌과 기쁨을 온몸으로 느끼며 그에 따른 표정과 행동을 적극적으로 표현할 수 있다. 그 정도는 누구나 매 순간 언제 어디서든 실천할 수 있다. 그러한 '10초의 순간'들이 모여서 놀라운 기적들을 현상으로 실현하게 되는 것이다.

> ## 〈자아 성찰서〉, 〈감사 행복서〉,
> ## 〈꿈과 비전서〉를 활용하라

~~~ **4** ~~~

〈자아 성찰서〉, 〈감사 행복서〉, 〈꿈과 비전서〉를 작성해 보는 과정은, 자신의 삶에 대해 스스로 더 이해하고 감사와 행복을 느끼며, 꿈과 목표를 구체화하고 미래를 향한 계획을 세우는 데 있어 강력한 자기계발의 도구이다. 이 세 가지의 도구는 삶의 의미와 방향을 바르게 찾고, 삶 속에서 자기 자신을 성숙하고 성장하게 하는 데 있어 매우 큰 도움을 준다. 다음은 각각에 대해 작성 방법과 그에 따른 효과에 대해 자세히 알아보자.

첫째, 〈자아 성찰서〉 작성의 과정은, 자신의 현재 상태와 행동을 돌아보고, 자신에 대해 깊이 이해하기 위한 단계이다.

작성 방법은, 자기 스스로 내적으로 부정하고 있는 것, 스스로 인정하고 있지 못한 것, 스스로 회피하고 경멸하고 있는 것, 미위하고 있는 것 등을 인정하고 적어보면서 자기 내면에 분명히 그러한 것들이 있음을 인정하는 과정을 통해 스스로 그것을 내면으로부터 받아들이며 충만해지게 된다.

또한, 자신이 억울하게 피해를 받았다고 생각하는 피해의식 또는 누군가에게 피해를 주었다고 생각하는 죄의식 등을 인정하고 적어 보면서 자기 내면에 분명히 그러한 것들이 있었음을 인정하는 과정을 통해 스스로 그것을 내면으로 받아들이는 과정이다. 이러한 과정을 통해 자신이 진정으로 무엇을 원하는지, 어떤 점을 개선하고 싶은지를 파악할 수 있다.

끝으로, 자신이 알아야 했던 것 중, 무엇을 모르는지 스스로 되돌아보며 인정하고 적어 보면서 알아야 할 것을 스스로 알도록 노력하는 단계이다. 그러기 위해서는 일상에서 어떤 일들이 자신을 스트레스받게 하는지에 대해 자신의 감정을 구체적으로 돌아보며 관찰해야 한다. 그렇게 자신의 성격, 습관, 행동 패턴 등을 분석한다. 예를 들어, "내가 잘하는 점은 무엇인가?"와 "내가 개선하고 싶은 점은 무엇인가?"를 적어 보며 스스로에 대해 이해하고 객관적으로 바라보는 연습을 한다.

그리고 자아 성찰을 통해 발견한 개선점이나 발전시키고 싶은 능력을 바탕으로 목표를 설정한다. 이처럼 〈자아 성찰서〉 작성을 통한 효과는, 자신에 대한 이해가 깊어지고 자기 수용이 높아지며, 현재의 나와 이상적인 나 사이의 간격을 인식하고 발전할 방향을 설정할 수 있다.

둘째, 〈감사 행복서〉 작성의 과정은, 일상 속에서 느낀 감사와 행복의 순간을 기록하기 위한 단계이다. 〈감사 행복서〉 작성의 과정에서 긍정적인 마음 상태를 유지하고, 작은 일에 대한 감사를 자주 느끼게 되면서 삶에 대한 만족감과 행복감이 높아진다.

작성 방법은, 일상에서 감사한 것들을 찾아서 구체적으로 적는다. 무엇보다도 가장 근본적이고 원천적인 감사에 대한 연습이 중요하다. 예를 들어, 숨 쉴 수 있는 것에 대한 감사, 살아있는 것에 대한 감사, 보고 듣고 맛보고 냄새 맡고 감각으로 느낌을 느낄 수 있는 등의 5감이 허락되어 있는 것에 대한 감사, 건강한 팔, 다리 등의 사지가 허락되어있는 것에 대한 감사, 가족이 있음에 대한 감사, 나에게 주어진 인연들에 대한 감사, 먹고 마실 수 있음에 대한 감사, 그 외 자신이 누리고 있는 모든 여건에 대해 있는 그대로의 감사 등 사소한 것부터 중요한 경험까지 모두 포함한다.

그로 인한 효과는, 일상 속의 작은 기쁨과 감사할 일들을 발견하게 되어 삶에 대한 만족감이 커지고, 긍정적인 마음가짐을 유지하는 데 도움이 된다.

셋째, 〈꿈과 비전서〉 작성의 과정은, 자신의 목표와 비전을 명확히 하고, 그것이 이루어져 있는 상황에 집중하기 위해 꿈과 목표를 구체적으로 작성하는 단계이다. 이 과정에서 자신의 꿈과 목표에 대한 방향을 명확히 설정하고 꿈을 이루기 위한 구체적인 행동과 계획을 세울 수 있다.

작성 방법은, 인생에서 이루고 싶은 장기적인 목표나 비전을 적는다. 예를 들어, "10년 후에 나만의 사업 운영하기", "자신감 있고 열정적인 사람 되기" 등 구체적이고 명확한 목표가 좋다.

또한, 장기적 꿈과 비전을 이루기 위한 중간 목표를 설정한다. 예를 들어, "다음 달까지 건강한 생활 습관 기르기", "6개월 이내에 자격증 따기"와 같이 현실적이고 달성 가능한 단기 목표를 작성한다.

그다음은, 목표를 이루기 위한 구체적인 행동 계획을 세운다. 일례로, "매일 30분씩 운동하기", "매주 한 권의 책 읽기" 등 구체적인 행동을 정리하고 일정을 세운다.

그리고 자신이 목표를 향해 나아갈 때 동기부여가 될 수 있는 메시지도 적는다. "너는 할 수 있다", "힘들어도 포기하지 말자"와 같은 긍정적인 격려의 말을 추가하면 좋다.

이처럼 〈꿈과 비전서〉를 통해 얻는 효과는, 꿈과 목표를 더욱 확고히 할 수 있으며, 그를 위해 필요한 구체적인 계획도 세울 수 있다. 그뿐만 아니라, 자신이 원하는 삶의 방향을 명확히 하고 동기부여를 얻을 수 있다.

이처럼 세 가지의 과정에 따른 통합적 효과를 살펴보면, **첫째,** 〈자아 성찰서〉를 통해 자신에 대해 깊이 이해하고 자아 인식과 자신에 대한 수용력을 강화하게 되며, **둘째,** 〈감사 행복서〉를 통해 삶에 대해 크고 작은 감사와 행복을 긍정적인 마음가짐과 함께 매일 발전시키고, 자신이 가진 것에 대한 만족감과 행복감을 높이게 된다. **셋째,** 〈꿈과 비전서〉를 통해 설정한 꿈과 목표가 꾸준히 자신을 자극하여 현실적인 성취로 나아가게 도움으로써, 목표 달성에 대한 동기부여는 물론이고, 미래에 대한 명확한 목표 의식과 이룰 수 있다는 자신감도 확고해진다.

이처럼 〈자아 성찰서〉, 〈감사 행복서〉, 〈꿈과 비전서〉의 작성은 각각의 영역에서 자기 자신을 깊이 있게 바라보고 발전시키는 데 매우 큰 도움을 주며, 이것을 실천하면 삶에 대한 애정과 열정을 높여 자신이 이루고자 하는 꿈과 목표 실현에 대한 창조력이 크게 향상된다.

> ## 나의 〈스트레스〉, 〈우울증〉, 〈번아웃〉, 〈행복〉 지수를 관리하라

～～ 5 ～～

나의 상태를 점검해 볼 수 있는 다양한 설문 척도는 개인의 신체적, 정신적, 정서적 상태를 이해하고 관리하는 데 있어 매우 유용하다. 그래서 자신의 스트레스 지수, 우울증 지수, 번아웃 지수, 행복 지수 등을 점검해 보고 보다 더 자신의 상태를 알고 자기경영 헬스케어를 잘 할 수 있도록 표준화된 설문 척도를 안내하고자 한다. 다음 소개하는 설문 척도들은 일반적으로 임상에서도 사용되고 있으며, 각각의 항목별로 신뢰성과 타당성이 검증된 측정 도구이다.

첫째, 스트레스 지수 척도 (Perceived Stress Scale, PSS)

스트레스 지각 척도(PSS)는 개인이 최근 1개월 동안 느낀 스트

레스의 정도를 측정하는 도구이다. 주로 주관적인 스트레스 인식을 측정하며, 총 10문항에 대한 응답 방식은, 0점(전혀 없음)부터 4점(매우 자주)까지의 5점 척도로 응답하면 된다. 해석은, 총점이 높을수록 스트레스 수준이 높음을 의미한다.

둘째, 우울감 지수 척도 (Patient Health Questionnaire-9, PHQ-9)

우울감 지수 척도(PHQ-9)는 우울증의 주요 증상들을 측정하는 도구이다. 임상에서 우울증 진단 및 평가 도구로 널리 사용된다. 총 9문항에 대한 응답 방식은, 0점(전혀 아님)부터 3점(거의 매일)까지의 4점 척도로 응답하면 된다. 해석은, 총점이 높을수록 우울증의 정도가 높음을 의미한다.

셋째, 번아웃 지수 척도 (Pines Burnout Measure, PBM)

번아웃 지수 척도(PBM)는 번아웃의 신체적, 정신적, 정서적 차원을 포괄적으로 측정하는 도구이다. 총 21문항에 대한 응답 방식은, 1점(전혀 그렇지 않다)부터 7점(매우 그렇다)까지의 7점 척도로 응답하면 된다. 해석은, 총점이 높을수록 번아웃 지수의 정도가 높음을 의미한다.

넷째, 행복 지수 척도 (Oxford Happiness Questionnaire, OHQ)

옥스퍼드 행복 설문지(OHQ)는 개인의 행복감을 측정하기 위해 개발된 심리학적 평가 도구로서, 주관적인 웰빙의 다양한 측면을 다루면서 삶의 만족도, 긍정적 감정, 자기 수용, 자기 효능감, 대인 관계 등을 종합적으로 평가하는 척도이다. 개인의 행복감을 종합적으로 평가하고, 자신의 감정과 삶에 대한 인식을 점검하는 데 있어서 유용한 도구이다. 총 30문항에 대한 응답 방식은, 1점(전혀 그렇지 않다)부터 6점(매우 그렇다)까지의 7점 척도로 응답하면 된다. 해석은, 총점이 높을수록 행복 지수의 정도가 높음을 의미한다.

◆ **스트레스 지각 척도**(PSS) ◆

다음 문항들은 최근 1개월 동안 당신이 느끼고 생각한 것에 대한 것입니다. 각 문항에 해당하는 내용을 얼마나 자주 느꼈는지 표기해주십시오.

1. 예상치 못한 일 때문에 당황한 적이 얼마나 있습니까?
   ⓪ 전혀 없었다.   ① 거의 없었다.   ② 때때로 있었다.
   ③ 자주 있었다.   ④ 매우 자주 있었다.

2. 인생에서 중요한 일들을 조절할 수 없다는 느낌을 얼마나 경험하였습니까?
   ⓪ 전혀 없었다.   ① 거의 없었다.   ② 때때로 있었다.
   ③ 자주 있었다.   ④ 매우 자주 있었다.

3. 신경이 예민해지고 스트레스를 받고 있다는 느낌을 얼마나 경험하였습니까?

　⓪ 전혀 없었다.　① 거의 없었다.　② 때때로 있었다.
　③ 자주 있었다.　④ 매우 자주 있었다.

4. 당신의 개인적 문제들을 다루는 데 있어서 얼마나 자주 자신감을 느꼈습니까?

　④ 전혀 없었다.　③ 거의 없었다.　② 때때로 있었다.
　① 자주 있었다.　⓪ 매우 자주 있었다.

5. 일상의 일들이 당신의 생각대로 진행되고 있다는 느낌을 얼마나 경험하였습니까?

　④ 전혀 없었다.　③ 거의 없었다.　② 때때로 있었다.
　① 자주 있었다.　⓪ 매우 자주 있었다.

6. 당신이 꼭 해야 하는 일을 처리할 수 없다고 생각한 적이 얼마나 있었습니까?

　⓪ 전혀 없었다.　① 거의 없었다.　② 때때로 있었다.
　③ 자주 있었다.　④ 매우 자주 있었다.

7. 일상생활의 짜증을 얼마나 자주 잘 다루실 수 있었습니까?

　④ 전혀 없었다.　③ 거의 없었다.　② 때때로 있었다.
　① 자주 있었다.　⓪ 매우 자주 있었다.

8. 최상의 컨디션이라고 얼마나 자주 느끼셨습니까?
    ④ 전혀 없었다.   ③ 거의 없었다.   ② 때때로 있었다.
    ① 자주 있었다.   ⓪ 매우 자주 있었다.

9. 당신이 통제할 수 없는 일 때문에 화가 난 경험이 얼마나 있었습니까?
    ⓪ 전혀 없었다.   ① 거의 없었다.   ② 때때로 있었다.
    ③ 자주 있었다.   ④ 매우 자주 있었다.

10. 어려운 일이 너무 많이 쌓여서 극복하지 못할 것 같은 느낌이 얼마나 자주 있었습니까?
    ⓪ 전혀 없었다.   ① 거의 없었다.   ② 때때로 있었다.
    ③ 자주 있었다.   ④ 매우 자주 있었다.

[채점 기준]
총점이 높을수록 스트레스가 높다고 할 수 있다.
· 13 ~ 15점 : 경도 스트레스.
· 16 ~ 18점 : 중등도 스트레스(우울증·불안증 검사 필요).
· 18점 이상 : 심한 스트레스로서 우울증·불안증 검사 및 정신건강 전문가의 면담이 필요.

◈ 우울증 척도(PHQ-9) ◈

- PHQ-9(Patient Health Questionnaire-9)는 우울증의 정도를 평가하는 간단하고 신뢰성 높은 자기 보고식 설문 도구로써, 주로 의료진이 환자의 우울증 상태를 평가하는 데 사용된다.
- PHQ-9는 9개의 질문으로 구성되어, 각 문항은 지난 2주간의 증상 빈도와 관련해 평가하여, 우울장애(MDD)의 진단 기준을 반영하고 있기에 임상적인 진단 보조 도구로도 유용하다.

지난 2주 동안 아래 나열되는 증상들에 얼마나 자주 시달렸습니까?

1. 일을 하는 것에 대한 흥미나 재미가 거의 없다.
   ⓪ 전혀 아니다. ① 여러 날 동안 ② 일주일 이상 ③ 거의 매일

2. 가라앉은 느낌, 우울감 혹은 절망감이 든다.
   ⓪ 전혀 아니다. ① 여러 날 동안 ② 일주일 이상 ③ 거의 매일

3. 잠들기 어렵거나 자꾸 깬다. 혹은 너무 잠이 많다.
   ⓪ 전혀 아니다. ① 여러 날 동안 ② 일주일 이상 ③ 거의 매일

4. 피로감이 많고 기력이 저하된다.
   ⓪ 전혀 아니다. ① 여러 날 동안 ② 일주일 이상 ③ 거의 매일

5. 식욕이 저하되거나 과식을 한다.

  ⓪ 전혀 아니다. **①** 여러 날 동안 **②** 일주일 이상 **③** 거의 매일

6. 내 자신이 나쁜 사람이라는 느낌 혹은 내 자신이 실패자라고 느끼거나, 나 때문에 나 자신이나 내 가족이 불행하게 되었다는 느낌이 든다.

  ⓪ 전혀 아니다. **①** 여러 날 동안 **②** 일주일 이상 **③** 거의 매일

7. 신문을 읽거나 TV를 볼 때 집중하기 어렵다.

  ⓪ 전혀 아니다. **①** 여러 날 동안 **②** 일주일 이상 **③** 거의 매일

8. 남들이 알아챌 정도로 거동이나 말이 느리거나, 너무 초조하고 안절부절 못해서 평소보다 많이 돌아다니고 서성거린다.

  ⓪ 전혀 아니다.**①** 여러 날 동안 **②** 일주일 이상 **③** 거의 매일

9. 나는 차라리 죽고 싶다는 생각 또는, 스스로를 자해하는 생각이 자주 든다.

  ⓪ 전혀 아니다. **①** 여러 날 동안 **②** 일주일 이상 **③** 거의 매일

총점 _____

각 문항의 점수를 합산하여 우울증의 심각도를 평가할 수 있다.

0-4점 : 우울하지 않음 (Minimal depression)

5-9점 : 가벼운 우울증 (Mild depression)

10-14점 : 중간 정도 우울증 (Moderate depression)

15-19점 : 중증 우울증 (Moderately severe depression)

20-27점 : 심각한 우울증 (Severe depression)

일반적으로 10점 이상의 경우는 우울증 치료를 고려할 필요가 있으며, 20점 이상이면 적극적인 치료 개입이 필요하다.

◈ 번아웃 지수 척도(PBM) ◈

번호	내용	전혀 그렇지 않다 (1)	거의 그렇지 않다 (2)	드물게 그렇다 (3)	때때로 그렇다 (4)	자주 그렇다 (5)	매우 자주 그렇다 (6)	항상 그렇다 (7)
1	나는 삶이 버겁다고 느낀다.							
2	나는 무기력감을 느낀다.							
3	나는 늘 피로를 느낀다.							
4	나는 삶의 의미를 찾기 어렵다.							
5	나는 심리적 고통을 느낀다.							
6	나는 일상 활동에 흥미를 잃었다.							
7	나는 신체적으로 소진된 상태라고 느낀다.							
8	나는 삶에서 만족감을 느끼지 못한다.							
9	나는 다른 사람들에게서 감정적으로 소진된 상태라고 느낀다.							
10	나는 과도한 스트레스로 인해 괴롭다.							
11	나는 에너지가 고갈된 상태라고 느낀다.							
12	나는 자신이 능력이 부족하다고 느낀다.							
13	나는 내 삶에서 더 이상 기쁨을 찾을 수 없다고 느낀다.							
14	나는 신체적으로 약화된 상태라고 느낀다.							
15	나는 내 삶에서 소중함을 느끼지 못한다.							
16	나는 사람들과의 관계에서 지쳤다고 느낀다.							
17	나는 내 주변 환경에 무관심하게 느껴진다.							
18	나는 일상적인 활동을 수행하는 데 동기 부족을 느낀다.							
19	나는 삶에서 나를 지탱해 줄 무언가가 없다고 느낀다.							
20	나는 자주 외로움을 느낀다.							
21	나는 미래에 대해 희망이 없다고 느낀다.							

총점: _____

점수 계산 : 각 문항의 점수를 합산하여 총점을 계산합니다.

〈번아웃 수준 해석〉

· 21~50점 : 낮은 번아웃 수준

· 51~85점 : 중간 번아웃 수준 (주의 필요)

· 86~147점 : 높은 번아웃 수준 (심각한 상태로 전문적 개입 필요)

◈ 행복지수 척도(OHQ) ◈

- 옥스퍼드 행복 설문지(Oxford Happiness Questionnaire, OHQ) 는 개인의 행복감을 측정하기 위해 개발된 심리학적 평가 도구로써, 주관적인 웰빙의 다양한 측면을 다루면서 삶의 만족도, 긍정적 감정, 자기 수용, 자기 효능감, 대인 관계 등을 종합적으로 평가하는 척도이다. 개인의 행복감을 종합적으로 평가하고, 자신의 감정과 삶에 대한 인식을 점검하는 데 있어서 유용한 도구이며, 이를 통해 개인의 웰빙을 증진시킬 수 있다.
- 각 문항을 읽고, 현재 자신의 상태에 가장 잘 맞는 답변을 선택하세요.
- 1점(전혀 그렇지 않다)에서 6점(매우 그렇다)까지의 척도로 응답합니다.

1. 나는 인생을 즐겁고 흥미롭게 살고 있다. (　점)
2. 나는 삶에서 모든 것이 잘 될 것이라는 확신이 있다. (　점)
3. 나는 내가 원하는 대로 내 인생을 이끌어 나가고 있다고 느낀다. (　점)
4. 나는 사람들과의 관계에서 많은 기쁨을 얻는다. (　점)
5. 나는 대부분의 시간 동안 행복하다고 느낀다. (　점)
6. 나는 자주 미소를 짓고, 내 삶을 긍정적으로 생각한다.(　점)
7. 나는 내 자신을 있는 그대로 받아들이고 사랑한다. (　점)
8. 나는 미래에 대한 긍정적인 기대감을 가지고 있다. (　점)

9. 나는 내 삶에 대해 전반적으로 만족한다. (　점)

10. 나는 좋은 친구나 가족이 있고, 그들과의 관계에 만족한다.
    (　점)

11. 나는 내 주변의 모든 것에 감사함을 느낀다. (　점)

12. 나는 하루하루가 의미 있다고 느낀다. (　점)

13. 나는 내 삶에서 성취감을 느낀다. (　점)

14. 나는 스트레스 상황에서도 잘 대처할 수 있다. (　점)

15. 나는 내 자신에 대해 긍정적인 감정을 가지고 있다. (　점)

16. 나는 다른 사람들에게 긍정적인 영향을 줄 수 있다고 생각
    한다. (　점)

17. 나는 내 삶에서 평화로움을 느낀다. (　점)

18. 나는 내 자신에게 정직하고 진솔하다. (　점)

19. 나는 내 인생이 흥미롭고 가치 있다고 느낀다. (　점)

20. 나는 목표와 꿈을 위해 적극적으로 행동한다. (　점)

21. 나는 매일 무언가에 대해 설레거나 기대하는 감정을 느낀
    다. (　점)

22. 나는 내 삶의 균형과 조화를 찾고 있다. (　점)

23. 나는 주어진 상황에서 최선을 다해 살아간다. (　점)

24. 나는 내 감정을 잘 이해하고 조절할 수 있다. (　점)

25. 나는 내 인생에 대한 비전을 가지고 있으며, 그것을 실현하
    기 위해 노력한다. (　점)

26. 나는 나의 생활 방식을 긍정적으로 바라본다. (　점)

27. 나는 건강과 복지에 대해 자주 생각하며 관리한다. (　점)

28. 나는 삶에서 중요한 것들을 잘 관리하고 있다고 느낀다.

29. 나는 내 주변 사람들과의 유대감이 깊다고 생각한다.

(　　점)

30. 나는 현재의 삶에서 희망을 찾는다. (　　점)

총점 _____

결과 분석 방법

행복 지수 점수 계산 : 각 문항에 대해 점수를 합산하여

총점 계산 (최소 30점 ~ 최대 180점)

- 150 ~ 180점: 매우 높은 지수 (전반적으로 매우 행복하고 만족스러운 삶을 살고 있음)
- 120 ~ 149점: 높은 지수 (대체로 행복하며, 긍정적인 삶의 태도를 유지하고 있음)
- 90 ~ 119점: 보통 지수 (삶에 대해 평균적인 만족감을 느끼며, 긍정과 부정 감정이 혼재)
- 60 ~ 89점: 낮은 지수 (전반적으로 삶에 대해 낮은 만족감을 느끼며, 부정적 감정이 많음)
- 30 ~ 59점: 매우 낮은 지수 (삶에 대한 불만족과 부정적 감정이 우세함)

> ## 미라클 시크릿
> ## 성공 수칙 20가지

~~~ **6** ~~~

우리가 삶을 살아가다 보면, 좋은 날도 있고 나쁜 날도 있으며, 환상적인 날도 있고 끔찍한 날도 있고, 심히 감정적인 날도 있고 포기하고 싶은 날도 분명 있다. 언젠가는 지금 당신이 겪고 있는 것을 겪지 않을 때가 올 것이며, 당신이 원하는 순간이 어느덧 이미 현실이 되어 있는 시점에 도착하게 될 것이다. 그럴 수 있는 미라클 시크릿 성공 수칙을 안내하고자 한다.

1. 즐거운 상태가 되기 전에는 좋은 느낌을 기대하지 마라. 종일 즐거운 상태를 유지하는 것이 습관이 되도록 주력하라.
2. 빛처럼 가볍고 애씀 없이 주어진 모든 상황을 즐겁게 흡수하

라. 그러면 원하는 목표점에 더 빨리 도달할 수 있다.

3. 새로운 사업, 프로젝트, 관계 등을 시작할 때는 반드시 먼저 각본을 쓰고 충분히 감사를 느껴라.

4. 생각보다는 그저 온전히 느끼는 데 주력하라.

5. 매일 시간을 내어 꿈을 꾸고, 바라고 상상하며, 원하는 모든 것이 실현되어 있는 곳에 집중하며 에너지를 흡수하는 시간을 실천하라.

6. 좋은 느낌이 들지 않을 때는 언제나 멈추고, 다시 균형을 이루고 좋은 느낌을 회복하라. 알고 있는 모든 방법을 사용해 부정적인 초점에서 따스한 쾌감으로 전환하도록 하라.

7. 일이 이루어지고 있는 단서와 현재 일어나는 일 등 동시성의 증거들을 찾는데 주목하라.

8. 계속 용감하게 '하고 싶은 것'과 '해야 하는 것'에 대한 새로운 각본을 써나가라.

9. 항상 기적을 일으킬 수 있도록 육체적인 활기와 활력의 상태를 철저히 유지하고 관리하라.

10. 해야 할 일의 목록을 느끼고 기록하라.

11. 매일 조금씩 더 좋은 느낌을 가질 수 있는 새로운 방법을 찾아라.

12. 모든 상황과 모든 사람의 긍정적인 면을 찾겠다는 목표로 하루를 시작하라.

13. 좋은 느낌을 유지하고 키워나가는 것보다 더 나은 방법은 절

대 없음을 명심하라.

14. 해 뜰 때부터 잠들 때까지 종일 느끼는 상태를 주의하라.

15. 좋은 느낌 속에 살면서 원하는 것이 얼마나 빨리 이루어지는지 주목하라.

16. 마음을 차분하게 하고 긴장을 풀어 부드럽게 하고 자연스럽게 원초적 자아에 다가가라.

17. 감사의 느낌을 가지고, 그다음 경의와 흥분을 느끼는 계획을 확보하라. 어떤 일이 있어도 즐거움을 느끼며 살아 있는 것이 감사함을 느껴라.

18. 만일 푸근한 느낌을 느끼지 못한다면 아무 느낌이 없거나 불쾌한 느낌의 상태인 것이다. 원하는 것을 느끼고 또 느껴서 푸근한 기분이 들게 하라. 느낄 수 있으면 가질 수 있다.

19. 지금 없는 것이 아니라 다가가고 있는 것에 집중하라. 그것이 생활화되면 당신의 존재와 능력을 통해 본래 의도된 인생을 살기 시작할 것이며, 이 세상에 존재하는 이유를 성취하게 될 것이다.

20. 이 세상과 우주는 모두 에너지로 이루어져 있다. 바로 그 에너지의 지배자가 되라. 자기 에너지의 방향과 흐름을 통제하는 법을 배움으로써 당신은 자신의 운명을 통제하고 원하는 방향으로 나아갈 수 있게 된다. 당신은 완전히 통제권을 행사함으로써 잠재력을 최대한 발휘하는 삶을 실현할 것이다.

> ## 맨발로 땅을 걸으며
> ## 심신통합 충전하라

~~~ **7** ~~~

어싱(Earthing) 또는 그라운딩(Grounding)이라고도 부르는 맨발 걷기는, 신체가 직접 지구와 접촉함으로써 다양한 건강상의 이점을 얻는 자연 요법이다. 이를 통해 염증을 감소시키고, 면역력을 높이며, 신체 균형을 회복할 수 있다. 이처럼 자연 속에서 맨발로 땅 위를 걸으며 사색하는 것을 통해 신체적 건강과 정신적 웰빙을 증진할 수 있다. 맨발 걷기는 단순한 운동이 아니라, 자연과 연결되어 신체적·정신적 건강을 증진하는 과학적이고 실천적인 건강관리 방법이다.

초보자도 쉽게 실천할 수 있으며, 꾸준히 하면 면역력 향상, 혈액 순환 개선, 스트레스 해소, 심신 치유 등의 목적을 가진 생활 속 건강 실천법으로 널리 대중 속에 확산이 되는 추세이다.

이러한 맨발 걷기는 신발을 벗고 흙, 잔디, 모래, 돌길 등 다양한 자연 지형을 직접 밟으며 걷는 활동으로, 이를 통해 신체적, 정신적, 감각적 자극을 극대화하는 것이 핵심 원리다.

맨발 걷기(어싱)에 대한 과학적 원리를 살펴보면, 본래 의미는, 맨발로 흙, 풀, 모래, 물과 같은 자연 표면을 직접 접촉하여 신체가 지구와 연결되는 과정을 말한다. 맨발 걷기의 원리를 살펴보면, 지구는 풍부한 '자유 전자'를 가지고 있으며, 인체가 지구와 직접 접촉하면 이 전자들이 체내로 이동하여 신체의 산화 스트레스(활성산소)를 중화한다. 이를 통해 세포 염증이 완화되고, 신체의 전기적 균형이 회복되며, 생리적 기능이 최적화된다.

이러한 맨발 걷기(어싱)의 주요 효과를 살펴보면 다음과 같다.

첫째, 염증 감소 및 면역력을 강화한다. 활성산소(산화 스트레스)를 중화하여, 현대인들이 전자기기, 스트레스, 환경오염 등으로 인해 산화 스트레스가 증가하며, 만성 염증과 질병의 원인을 안고 있는 것에 매우 큰 도움이 된다. 맨발 걷기(어싱)는 지구의 자유 전자를 체내로 흡수하여 활성산소를 중화시킴으로써 염증을 줄인다. 또한, 자가면역질환을 완화하여, 류마티스 관절염, 건선, 루푸스 등의 자가면역질환 환자들이 맨발 걷기(어싱)를 실천하면 염증 반응이 감소하고 증상이 완화된다는 연구 결과가 있다. 끝으로, 면역 체계를 활성화하여 혈액순환이 개선되면서 백혈구와 면역 세포의 기능이 향상되어 질병 예방 효과가 높아진다.

둘째, 혈액순환 개선 및 심혈관 건강을 증진한다. 어싱을 하면 혈액 점도가 낮아지고, 적혈구가 서로 엉겨 붙는 현상이 줄어든다. 이는 혈액순환을 원활하게 하여 고혈압, 심장병, 뇌졸중 등의 위험을 낮춘다. 또한, 부교감 신경을 활성화하여 심박수를 안정적으로 조절하며, 심장 건강을 보호한다. 끝으로 혈액순환이 촉진되어 발바닥의 미세 혈관과 신경이 활성화되면서 말초혈관 순환이 원활해지고, 손발 저림과 냉증이 개선된다.

셋째, 수면 개선 및 스트레스가 감소된다. 수면 주기를 조절하는 멜라토닌의 분비가 증가하여 깊고 안정적인 수면을 유도하여 불면증이나 수면 장애가 있는 사람들에게 탁월한 효과가 있다. 또한, 스트레스 호르몬인 코르티솔의 분비가 감소하고, 만성 스트레스로 인한 불안, 우울증, 피로감 해소에 도움이 된다.

넷째, 통증 완화 및 근육 회복이 촉진된다. 운동 후 근육 손상과 염증이 줄어들어 회복 속도가 증가된다. 스포츠 선수들이 맨발 걷기(어싱)를 활용하여 피로 회복을 촉진하는 사례가 많다. 또한, 만성 통증이 감소한다. 관절염, 요통, 두통, 섬유근육통 환자들이 맨발 걷기(어싱)를 하면 신경계가 안정되면서 통증이 줄어드는 효과가 있다.

다섯째, 신경계 안정화 및 정신 건강이 향상된다. 현대인은 과도한 교감신경 활성화(긴장, 불안 상태)로 인해 다양한 신체적 문제를 겪는데, 맨발 걷기(어싱)는 부교감신경을 활성화하여 자율신경계의 균형을 유지함으로써, 긴장을 완화하고, 신경계를 안정화한다. 또한, 자연과 접촉하면 세로토닌(행복 호르몬) 분비가 증가하여 우울증과 불안 증상이 완화된다. 또한, 정서적 안정과 정신적 명료함을 경험할 수 있다.

결론적으로, 맨발 걷기(어싱)는 단순한 자연 요법이 아니라, 과학적으로 입증된 건강 증진 방법이며, 효과로는 염증 감소, 면역력 강화, 혈액순환 개선, 수면 질 향상, 스트레스 완화, 통증 경감 등의 다양한 효과가 이미 검증되었다. 실천 방법도 간단하므로, 하루 20~30분이라도 자연과 직접 접촉하면서 〈충전 자세〉를 취하고, 〈충전 표정〉을 지으며, 〈충전 호흡〉을 병행하여 맨발 걷기(어싱)를 실천해 보면, 놀라운 효과를 손쉽게 경험하게 될 것이다.

✏️ 참고 도서

〈단행본〉

- 이성권, 《기적을 부르는 생각 치유법》, 건강다이제스트사, 2005
- 박문호, 《그림으로 읽는 뇌과학의 모든 것》, 휴머니스트, 2013
- 김주환, 《내면소통》, 인플루엔셜, 2023
- 하루야마 시게오, 오시연 번역, 《뇌내혁명》, 중앙생활사, 2020
- 네빌 고다드, 《네빌고다드의 부활》, 서른세개의 계단, 2014
- 조 디스펜자, 추미란 번역, 《당신도 초자연적이 될 수 있다》, 2017
- 나이토 요시히토, 김윤경 번역, 《말버릇의 힘》, 비즈니스북스, 2021
- 모치즈키 도시타카, 은영미 역, 《보물지도》, 2003
- 나폴레온 힐, 김정수 번역, 《나폴레온 힐 성공의 법칙》, 중앙경제평론사, 2023
- 나폴레옹 힐, 《생각하라 그러면 부자가 되리라》, 와

일드북, 2022

· 다사카 히로시, 한이명 번역, 《운을 끌어당기는 과학
적인 방법》, 2020

· 이의원, 《암 난치병 이제는 기의학이다》, 동제사,
2003

· 정재호, 《염력을 일으키는 호흡기법》, 좋은땅, 2014

· 정재호, 《인체전기 자가발전에 도전하라》, 좋은땅,
2023

· 콜린 로스(Colin A. Ross), 김건 번역, 《인체 에너지장》,
군자출판사, 2011

· 앨릭스 코브 저서, 《우울할 땐 뇌과학》, 심심, 2018

· 에이미 커디, 이경식 번역, 《프레즌스》, 알에이치코
리아, 2015

· 요시이 마사시, 장은주 번역, 《하루 5분 습관 수업》,
현대지성, 2021

· 게일 가젤, 손현선 번역, 《하버드 회복탄력성 수업》,
현대지성, 2021

· 정성훈, 《헬피니스 파워》, 라온북, 2018

· 정성훈, 《자기경영 헬스케어》, 라온북, 2024

· 권택환, 《맨발혁명》, EBS북스, 2023

〈논문〉

· 정성훈, 〈자기경영 건강 프로그램이 스트레스 완화 및 예방에 미치는 영향〉, 고려대학교 석사 학위논문, 2018.

· 정성훈·이일봉, 〈자기경영 헬스케어 프로그램이 중년 여성의 스트레스 지각에 미치는 영향〉, 대구한의대학교 기초과학연구소, 2023.

· 정성훈·이민희·이일봉, 〈대학생의 번아웃 증후군 개선을 위한 자기경영 헬스케어 프로그램 적용 연구〉, 대구한의대학교 기초과학연구소, 2023

· 정성훈, 이민희, 이봉현, 〈심신통합 충전호흡 프로그램이 성인의 스트레스 강인성에 미치는 영향〉, 한국운동재활복지협회, 2024.